Armadura Del Cristiano - Preparación Y Empeñamiento En El Combate Espiritual

Rogerio Cietto

Published by Rogerio Cietto, 2022.

ARMADURA DEL CRISTIANO - Preparación y empeñamiento en el combate espiritual

ÍNDICE

PREFACIO – MEMENTO MORI

Si usas o has usado uniforme, probablemente hayas entrado en contacto con la conocida compañera en todas las actividades de riesgo, la Dama Muerte. Sin duda, ella se acerca a todos, y por mucho que científicos y filósofos intenten evitar este fatídico encuentro, lo cierto es que sigue haciendo su trabajo incansablemente.

En muchas actividades de riesgo, la Dama Muerte acompaña la actividad diaria de este profesional, ya sea trabajando con electricidad, en alturas, con materiales inflamables, buceando, entre muchas otras. Sin embargo, en la profesión militar tenemos la responsabilidad de causar voluntariamente la muerte de una persona, en las hipótesis legales que podemos resumir aquí como legítima defensa (en tiempos de paz) y guerra justa (en estado de beligerancia).

Nótese bien: si la persona actuó en este sentido para defender su propia vida, o la de un tercero (legítima defensa) o si el militar (incluido el partisano, el contratista militar privado, y hasta el mercenario y la guerrilla, en ciertos casos) quitó la vida a alguien en un contexto de conflicto armado (un concepto un tanto nebuloso hoy debido al terrorismo y a las organizaciones criminales), la persona es justificada ante Dios en relación al quinto mandamiento de la Iglesia ("no matarás").

"No darás muerte al inocente ni al justo" (Éxodo 23:7). No tenemos el derecho ni la omnisciencia divina para juzgar si una persona es inocente o justa, así que evitemos este razonamiento. Sin embargo, los actos concretos que la persona realiza en ese momento nos permiten verificar si esa conducta en particular está contaminada con malicia y vicio, capaz de eliminar el don más preciado de Dios a los seres humanos y el bien jurídico más esencial: la vida.

Ningún jefe de familia está obligado a aceptar el martirio y dejar a su familiares en la ruina material y, sobre todo, espiritual, así que no hay razón para tener reparos en actuar ante cualquier amenaza real e inminente para sí mismo o para sus familiares y seres queridos. Este es un dilema que debe afrontarse en situaciones críticas (¿matar o morir?), y espero que lo haya resuelto de inmediato. Actuar en defensa propia no es un delito ni un pecado (pero tenga cuidado de no usar la fuerza excesiva, algo que puede ocurrir fácilmente en un momento de tensión).

Por lo tanto, el Dios de la misericordia te abre el corazón, aunque hayas vivido el infierno de la guerra. Nada de lo que hayas hecho es motivo para que Dios deje de amarte y desear tu salvación. Cualquier exceso, e incluso cualquier actitud irreflexiva, puede ser neutralizado por el sacramento de la Confesión. El amor divino te espera, pero Él espera que tu corazón se abra para habitar en ti.

El paradigma del conflicto armado es diferente al de la paz, muy diferente. Cuando personas de diferentes países (o grupos disidentes/revolucionarios dentro de un país) se alzan en armas, actuando en nombre de un Estado (o de una supuesta causa en la que creen), estas personas, durante las hostilidades, dejan de ser meros ciudadanos y pasan a recibir el título de combatientes, es decir, tienen el derecho (el deber) de neutralizar objetivos militares (otros combatientes, legítimos o no).

Por esta razón, no se deben atacar objetivos no militares (que no aportarán ninguna ventaja al esfuerzo bélico), como no combatientes, niños, mujeres, ancianos, hogares, escuelas, hospitales; en resumen, cualquier persona u objeto que no participe activamente en las hostilidades.

Asimismo, cuando cesan las hostilidades, ya no tiene sentido mantener animosidad hacia los ciudadanos del país enemigo. Resulta que una población marcada por la guerra tarda muchos años en aprender a perdonar y a poner todo su sufrimiento en las manos de Dios. Esta es una tarea difícil y absolutamente necesaria para evitar que el conflicto armado renazca en los corazones y las mentes de quienes han perdido a sus familias, hogares, empleos, etc., en los horrores de la guerra.

¿Se considera pecado grave declarar la guerra (estado de beligerancia) o participar en ella? La teoría de la guerra justa enumera los requisitos necesarios para que un país entre en un conflicto armado:

- debe ser declarado y ejecutado por una autoridad legítima, sin oposición del pueblo; - por una causa buena y justa, como la legítima defensa, la acción preventiva contra un tirano que iba a atacar o el castigo de un enemigo culpable;

- con una probabilidad razonable de éxito;

- para lograr la paz (recta intención);

- cuando sea necesario evitar un mal mayor que el daño causado por la guerra; y

- como último recurso, tras el fracaso del diálogo y la negociación.

El Catecismo de la Iglesia Católica arroja mucha luz sobre este tema y merece una lectura atenta.

2308. Todo ciudadano y todo funcionario público debe trabajar para prevenir la guerra.

Sin embargo, mientras persista el peligro de guerra y no exista una autoridad internacional competente dotada de los medios adecuados, no se puede negar a los gobiernos el derecho a la legítima defensa, una vez agotadas todas las negociaciones pacíficas. (73)

2309. Las estrictas condiciones para la legítima defensa por la fuerza de las armas deben considerarse cuidadosamente. La gravedad de tal decisión la somete a rigurosas condiciones de legitimidad moral. Al mismo tiempo, es necesario:

- que el daño causado por el agresor a la nación o comunidad de naciones sea duradero, grave y cierto;

- que todos los demás medios para ponerle fin hayan resultado impracticables o ineficaces;

- que se cumplan serias condiciones de éxito;

- que el uso de las armas no traiga consigo males y desórdenes más graves que el mal que se pretende eliminar. El poder de los medios de destrucción modernos tiene un impacto muy importante en la evaluación de esta condición.

Estos son los elementos tradicionalmente destacados en la doctrina de la llamada «guerra justa».

La evaluación de estas condiciones de legitimidad moral corresponde al juicio prudencial de quienes son responsables del bien común.

El Catecismo comenta a continuación la actividad militar, incluido el servicio obligatorio, especialmente cuando se declara el estado de beligerancia (una expresión políticamente correcta para advertir a las personas de que sus vidas se verán trastocadas durante mucho tiempo):

2310 En este caso, los poderes públicos tienen el derecho y el deber de imponer a los ciudadanos las obligaciones necesarias para la defensa nacional.

Quienes se dedican al servicio de la patria en la vida militar son servidores de la seguridad y la libertad del pueblo. En la medida en que desempeñan esta tarea como corresponde, contribuyen verdaderamente al bien común y a la salvaguardia de la paz.

Pueden estar seguros de que un Dios justo y verdadero, que desea nuestra salvación, no pondría obstáculos (ni siquiera morales) para que una nación que busca la paz y la prosperidad para sus ciudadanos se vea simplemente obligada a aceptar que un tirano de un país vecino la conquiste y la destruya. Tenemos suficientes ejemplos en el Antiguo Testamento (filisteos, egipcios, babilonios, etc.) de que Dios no solo acepta la guerra, sino que la utiliza como medio para demostrar su poder a los pueblos paganos, para que puedan encontrarse con el Dios verdadero, el Dios único y eterno (que reina incluso bajo las aguas del Mar Rojo).

Sin embargo, la mera confirmación de la justicia de una guerra no garantiza el éxito ante Dios (ni ante los hombres). Otra valiosa lección del Catecismo que toda persona en armas debe conocer para ejercer bien su profesión:

2312. La Iglesia y la razón humana declaran la vigencia permanente de la ley moral durante los conflictos armados. «Una vez que la guerra ha comenzado desgraciadamente, no todo se vuelve lícito entre las partes beligerantes» (76).

2313. Los no combatientes, los soldados heridos y los prisioneros deben ser respetados y tratados con humanidad.

Las acciones deliberadamente <u>contrarias al derecho de gentes y a sus principios universales</u>, así como a las órdenes que las rigen, son <u>crímenes</u>. La obediencia ciega no basta para excusar a quienes se someten a ella. Por lo tanto, <u>el exterminio de un pueblo, una nación o una minoría étnica</u> debe ser condenado como <u>pecado mortal</u>. Es moralmente obligatorio resistirse a las órdenes de genocidio.

2314. «Todo acto de guerra que <u>destruya indiscriminadamente ciudades enteras o vastas regiones con sus habitantes</u> es un <u>crimen contra Dios y contra el hombre mismo</u>, que debe ser condenado con firmeza y sin vacilación». (77) Uno de los peligros de la guerra moderna es que brinda a quienes poseen armas científicas, especialmente armas atómicas, biológicas o químicas, la oportunidad de cometer tales crímenes.

En resumen, la guerra es caos. Confusión, muerte y destrucción. Y las fuerzas militares, como artífices del caos, son llamados a causar todo esto en la vida de los demás, con consecuencias profundas e irreversibles para toda la sociedad. Un soldado puede abandonar una guerra, pero la guerra no abandona al soldado. He aquí la cuestión crucial: ¿cómo se puede vivir la profesión de las armas sin sentir odio por quienes quisieron matarte ni resentimiento por quienes has matado?

La respuesta a esta pregunta clave reside en una expresión que, aunque antigua, conserva una profunda y universal relevancia: *memento mori*. Esta frase latina significa "recuerda que eres mortal" o "recuerda la muerte". Puede parecer sombría a primera vista, pero en realidad transmite un poderoso mensaje de reflexión, preparación y aprecio por la vida.

Memento mori tiene sus raíces en la tradición filosófica y artística del mundo occidental, especialmente en la Edad Media y el Renacimiento. Los artistas crearon imágenes y símbolos que recordaban a las personas su mortalidad, fomentando una vida de virtud, reflexión y propósito. Para el personal militar, esta expresión sirve como un recordatorio constante de la fragilidad de la vida y la importancia de estar siempre preparados para cuando llegue.

En el ámbito militar, el memento mori puede interpretarse como un llamado a la vigilancia, la disciplina y la responsabilidad. Reconocer la mortalidad no es motivo de miedo, sino una motivación para actuar con valentía, integridad y dedicación. Después de todo, la conciencia de la finitud refuerza la importancia de protegerse a uno mismo, a los compañeros y a la nación.

Al mantener este recordatorio, el personal militar puede cultivar una actitud de respeto por la vida mientras se prepara para afrontar los desafíos con determinación. Esta perspectiva les ayuda a apreciar cada momento, honrar su compromiso con su misión y mantener la humildad ante la adversidad.

El *memento mori* es más que una simple frase; es una filosofía que fomenta una vida con propósito, responsabilidad y valentía. Para quienes se han comprometido a defender su nación incluso a costa de sus propias vidas, esto refuerza la importancia de estar siempre alerta, de valorar la vida y cumplir con honor sus misiones, sabiendo que cada momento es precioso.

Al recordar la finitud de nuestra existencia, es posible encontrar una salida a las causas profundas que llevaron al conflicto, ya sean económicas, sociales o ideológicas. Recuerden que al otro lado de las líneas enemigas también hay un joven que espera un mundo mejor o un padre que pide a Dios que regrese a casa.

Amar al prójimo como Jesús nos amó es el camino seguro para encontrar la paz antes, durante y después de períodos históricos marcados por la violencia. La muerte es un recordatorio para valorar la vida, siempre y en todo lugar, y para buscar la paz duradera, la paz de Cristo.

Lean el poderoso mensaje que encontramos en la Biblia: «Bienaventurados los que trabajan por la paz, porque ellos serán llamados hijos de Dios». Esta frase nos recuerda una misión especial que todos, independientemente de nuestro uniforme, podemos abrazar: ser agentes de paz en nuestras acciones y actitudes.

Por ejemplo, este libro fue inspirado por el Espíritu Santo poco después de un evento muy inesperado en mi vida: estaba en una misión, acompañando a las tropas, y después de hacer ejercicio fui a ducharme. Como el lugar era improvisado, no había separadores entre las duchas, y pronto apareció otro soldado para ducharse. Después de hablar sobre el trabajo, me preguntó: "¿Cuántos mataste hoy?".

Respondí de inmediato: "¿No lo entiendes, guerrero? Estamos aquí para luchar contra los principados y potestades, los espíritus malignos que vagan por el mundo buscando destruir almas. Estas personas que nos disparan a diario son solo los secretarios, no el verdadero enemigo". El Evangelio necesita ser proclamado en cualquier oportunidad, incluso si es entre dos hombres desnudos y enjabonados en un baño común.

Como soldados, a menudo estamos llamados a proteger, defender y mantener el orden. Estas tareas requieren valentía y fuerza, pero también conllevan una responsabilidad aún mayor: promover la paz. Después de todo, la verdadera fuerza no reside sólo en la capacidad de luchar, sino en la capacidad de buscar soluciones pacíficas, evitar el conflicto siempre que sea posible y actuar con justicia y compasión.

Ser un "hijo de Dios" significa vivir conforme a sus enseñanzas, lo que incluye ser promotor de la paz. Cuando elegimos dialogar, comprender a los demás y actuar con integridad, reflejamos el amor y la misericordia de Dios. Nuestro papel no es solo proteger a las personas de las amenazas externas, sino también crear un entorno donde la paz pueda florecer, incluso en tiempos difíciles.

Recuerda que cada acción que realizas puede ser un instrumento de paz. Ya sea en tu rutina diaria, en las misiones o en tus relaciones con colegas y civiles, tu actitud de paz y respeto puede transformar los entornos e inspirar a otros a buscar también la armonía.

Así que, querido miembro militar, al cumplir tu misión, recuerda que promover la paz es una de las mayores expresiones de fortaleza y valentía.

Y al hacerlo, estarás cumpliendo la promesa de ser llamado hijo de Dios, reflejando su amor y paz en este mundo.

Que continúes siendo una luz de esperanza y paz, siempre guiado por los valores que fortalecen no solo tu misión, sino también tu espíritu. Espero que esta reflexión os sea útil y os inspire a mantener siempre vivo este recuerdo en vuestras acciones diarias.

INTRODUCCIÓN

"Contiende, Señor, a los que me contienden; pelea contra los que me pelean", Salmo 34 (35), 1

Cristiano, ¿estás listo para pelear? No me refiero a luchar contra hombres de carne y hueso. Estos también son peligrosos, y es importante estar preparado contra cualquiera que quiera hacerte daño, sin duda. Me refiero a otro campo de batalla. Las luchas contra el diablo tienen lugar en el campo de batalla espiritual, pero el maligno envía a varios secretarios de carne y hueso de sus muchas filas de combate para perturbar la vida de los cristianos. El camuflaje es impecable, armamento de todo tipo, calibre y configuración. Incluso usa armas químicas y biológicas (¿no entiendes? El *crack* y el *sida* son algunos) sin que nadie lo acuse de crímenes de guerra. Sus tácticas desafían a estrategas como Clausewitz, Sun Tzu, Napoleon o Patton. ¿Estás listo para ESTE tipo de combate?

Creí que lo era. He ido a misa, me confesé de vez en cuando, intenté decir la verdad, pagar mis cuentas, ser un buen padre y esposo. He rezado el rosario antes de las pruebas para un concurso y pasé, aunque estudié varias materias innecesarias. Ayuné para encontrar un apartamento cerca de la escuela de los niños. Le pedí a Dios que retrasara la salida de un avión hasta que llegué al aeropuerto y milagrosamente me respondieron. Incluso fui a grupos de oración en la línea de la Renovación Carismática. Pero el enemigo usó varias lagunas y atacó cuando la guardia estaba baja. Estas pocas palabras son un testimonio de la gracia y la misericordia divinas, y un esfuerzo para que otros aprendan de mis errores. São Paulo le escribió a Timóteo: "He peleado la buena batalla, terminé la carrera, mantuve la fe". Pero, ¿qué es esta pelea, que al final de la carrera la persona no ha perdido la fe y la esperanza? Lo más importante, ¿cómo me preparo y me empeño en esta buena batalla?

Cualquiera que haya estado en el campo de batalla físico sabe muy bien (o debería haber sabido) que el combate comienza en el ámbito espiritual, tiene lugar en el ámbito espiritual y termina en el ámbito espiritual. Ya se percibe en los entrenamientos. La preparación psicológica para tomar cursos operativos requiere una meta, un objetivo, del alumno. Nadie va a rallar el cadáver solo por rallar, por masoquismo. Los alumnos movidos por la vanidad de decir '¡soy bueno!', por el pago mayor o descontando su enfado con alguien pueden incluso completar el curso, con mucho esfuerzo, pero su sufrimiento no les ha traído ningún crecimiento personal, y han aprendido nada en la batalla espiritual. Estos no van muy lejos.

La preparación física aislada de lo espiritual es insuficiente para que el soldado no entre en pánico y huya en cuanto huele sangre mezclada con barro y pólvora. Para aceptar arriesgar su vida, el soldado necesita la plena convicción de que está luchando por una buena causa (prometer vírgenes en el paraíso no es suficiente para quienes tienen discernimiento), que sus acciones son parte de un esfuerzo común por hacer el bien. La lucha por su país está afuera, pero adentro todos luchan por su familia, por sus amigos, por la vida y la libertad de sí mismo y de todos sus seres queridos. Esto es amor a la patria, verdadero patriotismo (el patriotismo puede surgir en una competición deportiva internacional, pero con poca intensidad; esto se hace evidente cuando se produce la derrota y el deportista es acosado: además del egoísmo, hay una falta de patriotismo, porque el egoísta no quiere ser solidario con el perdedor, incluso si la derrota fue justificada; cualquiera puede mostrar solidaridad en las ganancias, pero solo los que aman a su país simpatizan con las pérdidas). Otro ejemplo, la guerra contra las drogas o el terrorismo es impersonal y no motiva a nadie, pero si el combatiente ve cuánta droga o miedo puede alejarse de sus seres queridos, entra en la lucha con toda su fuerza. El verdadero patriotismo es el amor a la familia.

En ausencia de valores morales, el soldado también puede ir a la batalla con el mal nel corazón. Demonizado, el combatiente ganará muchas luchas, pero a favor del maligno, y cometerá atrocidades contra mujeres, niños y personas indefensas. Si este es tu caso, puedes cerrar este libro. No malgastes tu tiempo. Me niego a escribirte. Regresa solo después de un sincero arrepentimiento, reconciliación y conversión.

Si no hay valores morales que justifiquen la pelea, el soldado se desanima. Tu propia conciencia comienza a cuestionar: '¿Dónde estaba mi cabeza?' '¿Lo estoy haciendo bien?' La emoción y la aventura pronto dan paso al cansancio y al desánimo. En el primer contacto (bautismo de fuego), la desesperación se apodera de la vida del combatiente, que no quiere morir en vano, no quiere sacrificarse por algo que no vale su sangre.

Cada batalla es espiritual. Si no está preparado, ya ha perdido. San Pablo escribió cómo debemos prepararnos, en la Carta a los Efesios, 6, 13-17:

"Toma, pues, la armadura de Dios, para que puedas resistir en los días malos y permanecer firme en el cumplimiento de tu deber. Esté alerta, con tu <u>cintura ceñida con la verdad</u>, tu cuerpo revestido con la <u>coraza de la justicia</u>, y tus pies <u>listos para anunciar el Evangelio</u> de la paz. Sobre todo, agarra el <u>escudo de la fe</u>, con el cual podrás apagar todos los dardos de fuego del maligno. Finalmente, toma el <u>yelmo de la salvación</u> y la <u>espada del Espíritu</u>, es decir, la palabra de Dios ".

La preparación para el combate físico es bastante diferente de la preparación espiritual, pero la base de una buena preparación física es una buena preparación espiritual. Entrenar solo el cadáver puede ser vanidad, orgullo o incluso codicia, y no dura mucho, o será utilizado por el maligno para esparcir tinieblas, con sus pecados y los que te siguen. ¿Quieres llevar a otras personas por el camino equivocado? ¿Quieres ser una oportunidad de pérdida para tus hermanos y hermanas?

Sin duda, ha notado el uso de muchas expresiones y jergas militares en este libro. No se preocupe. Las cosas de Dios son sencillas, por eso escribiré de la forma más sencilla posible, sin perder contenido. Sin elocubar ni hacer estafa. Sin embargo, si eres un profesional de las armas y no estás preparado para el combate espiritual, lee atentamente lo que te escribo. El mejor momento para leer es cuando estás en una misión fuera de la guarnición, tu esposa e hijos están tristes o enojados contigo y tu ausencia, y los colegas te llaman para ir al bar/nightclub, dar un vuelo, quedar en la noche ... Puedes pensar que estoy loco, que este libro es una tontería, pero sigue leyendo hasta el final. Tu familia te lo agradece.

¿Cuál es la parte más divertida de la misión? Ciertamente no es la preparación, toda la expectativa y angustia, preparación y prueba del material, equipo, uniformes, estudio de área, mandato de misión, enemigos, fuerzas neutrales y aliadas, medios disponibles y la demanda de los superiores hasta el momento del abordaje. ... Tampoco sería toda la tensión en cada una de las patrullas, los ojos entreabiertos de la población, el sudor, el polvo y el mal olor, de llantas quemadas, orina, heces, los disparos que de repente vienen de cualquier punto y lugar. ... La patrulla se queda arriba y abajo del coche toda la noche, sin encontrar nada. La orden de registro e incautación tarda en llegar y, al final, el lugar está limpio. Aquí es cuando solo sucede lo que se ha predicho. Cuando surgen denuncias de violaciones a los derechos humanos y al derecho internacional humanitario, personas torturadas, niños violados, mujeres mutiladas y la población se opone abiertamente a las tropas con palos y piedras, la escalada de violencia nunca parece terminar. Entonces, ¿hay algún placer en la misión?

Puedo decir por mí mismo lo que siento en mi corazón. La mayor alegría de la misión no es cuando termina, porque amo mucho lo que hago, y si hago bien mi trabajo, y no le quito piedras ni palos a la población (los tiros de las Fuerzas Adversas están bien, está previsto en las Reglas de Compromiso) estoy satisfecho, y listo para hacerlo de nuevo, tantas veces como sea necesario. Me gusta tanto lo que hago que tuve una sobredosis, estaba tan adicto a la adrenalina de la pelea que me ofrecí como voluntario para una misión en el extranjero a pesar de que iba en contra de la opinión de mi esposa. Primero pedí la cura de esta adicción, rezando el Rosario de la Misericordia todos los días ante el Santísimo Sacramento. Entonces discutimos mucho y ambos hicimos un ajuste en la dirección profesional, para no dañar a la familia. Pero la alegría al final de la misión es un placer momentáneo, que puede volver con menos intensidad cuando narramos los hechos (bloqueos, emboscadas, rescates, todos tienen una aventura que contar). ¿Es solo eso?

Lo que me llena de alegría el corazón es volver a casa, recibir abrazos y besos de los niños, la esposa, preguntar cómo fue la misión, si estoy bien, cuántos días de descanso ... El militar necesita darle mucho cariño a su familia, estar presente, hacer tiempo para ellos. Por otro lado, la esposa y los hijos necesitan apoyar a los militares en una misión, no destruir sus emociones y mantener la cohesión. Muchos suicidios y otras formas de violencia cometidas por actores militares surgen de problemas personales (ruptura del matrimonio, y también desobediencia de los niños). Los lazos familiares deben fortalecerse continuamente con actividades conjuntas y oración, mucha oración, porque en el momento de la misión es más fácil ser egoísta y pensar solo en las faltas que harán los militares. Sin embargo, el militar necesita valorar a su familia, fortalecer sus lazos, quedarse con ellos mucho tiempo, presente en cuerpo y alma, preguntar con interés cómo van las cosas, hacer los deberes, jugar con sus hijos sin remilgos (incluso vale la pena jugar con él). juegos (incluso juegos de guerra), reparaciones de electrodomésticos, ofrecer ayuda en las tareas del hogar ... Estar presente es tu mayor regalo.

Familia es todo. Si no tienes una familia a la que regresar al final de la misión, ¿por quién luchaste?

1. VIGILAR

"Si el Señor no edifica la casa, en vano trabajan los que la edifican; si el Señor no guarda la ciudad, en vano vigila el centinela", Salmo 126 (127), 1.

¿Qué pasa con el militar sorprendido en el acto, en el servicio de centinela? Responde por transgresión disciplinaria o incluso por delito, si estaba acurrucado, sin botas, rifle de costado, sin gorra. Todo esto porque el enemigo llega en el momento inesperado, no llega haciendo sonar una sirena y soltando un cohete (si lo sueltas es hacia ti, no hacia arriba ...). Debido a un colega desatento (o vagabundo), todo el turno sufre: ve al barro, al agua, ¡Sentado 1, 2! ¡Levántate, 1, 2! ¡Flexión de brazos, 1, 2! Entrenamiento en el patio pavimentado a las 12 en punto, para que el sol ilumine sus conciencias (o derrita sus suaves cerebros ...). Si el combate físico es así, ¿por qué sería diferente en el combate espiritual?

Para los que ya tienen los pies en la yaca, el maligno no hace ningún esfuerzo. Después de todo, te uniste voluntariamente a las filas del mal. Sin embargo, quien continúe en la buena batalla, junto con Dios y para Su gloria, sufrirá la carga. Quien desertó de las filas enemigas y hoy está con Dios es un blanco preferencial, porque puede caer y ya está infiltrado. ¿Cuáles son las TTP (tácticas, técnicas y procedimientos o *modus operandi*) del enemigo? Intente identificar algunos de estos en su vida diaria:

- pornografía en la computadora, en el alojamiento, en el lugar de trabajo, en el teléfono celular;

- invitaciones a actividades prohibidas para la familia (bar, discoteca, venta de drogas, etc.);

- rumores y chismes sobre celebridades, hechos de mala reputación de conocidos;

- personas que cuentan sus aventuras sexuales, ganan dinero fácil, obtienen ventajas inmorales o ilegales;

- situaciones que faciliten el incumplimiento de la ley, desde omisiones en la declaración de impuestos hasta detener el automóvil en un lugar prohibido;

- canciones y videos que toleran el crimen, el uso de drogas, el sexo, la violencia gratuita, ya sea en autos ruidosos o en videos de teléfonos celulares o cámaras web;

- omitir la verdad o mentir, como una forma de escapar o llevarse bien, como en los anuncios de algunos políticos brasileños;

- publicidad con un mensaje subliminal (la mujer atractiva no viene con la cerveza, los cigarrillos o el auto importado anunciado);

- informes sesgados para provocar odio o miedo en un determinado segmento de la población.

Entonces, ¿protegerse de las artimañas del maligno es irse a vivir a una isla desierta? Negativo. Incluso puedes ir a Siberia, si llevas toda esta contaminación en tu cabeza no te servirá de nada. Vigilar es reconocer que el maligno está atacando y repeler el ataque. Reflexiona con atención si esa información, imagen u objeto de consumo es importante para ti, te hará acercarte a Dios. De nada sirve decirse: "Voy a apoyar a mis amigos, compartiré la cerveza para que no sufran tanto", "usaré un poquito de droga para acercarme a los drogadictos, ganarme su confianza y luego aléjelos de la drogadicción ", se está mintiendo a sí mismo. "Jesús no excluyó a las prostitutas, por eso me acerco a ellas y utilizo sus servicios" es uno de los peores argumentos para justificar un pecado grave, porque es una blasfemia y una distorsión de la palabra de Jesús, un pecado aún más grave.

En las batallas espirituales, el daño causado es doloroso y difícil de reparar. Cualquiera que haya visto pornografía durante toda su vida verá a cada mujer como un objeto de consumo, no como un ser humano. Y las imágenes se graban en lugares privilegiados de la memoria, como una funda de liberación rápida, y vuelven a la mente en la primera oportunidad. Poco a poco el placer con la esposa misma disminuye y en los momentos de retraimiento afloran los instintos. Resultado: separaciones, hijos no planeados y / o abandonados, amargura y tristeza para todos. En las misiones en el exterior surgen violaciones a los derechos humanos, es decir, los militares que acudieron al lugar para defender a la población se aprovechan de los más indefensos y atacan a quienes deben proteger.

¿A qué Dios adoras? ¿El Dios único y todopoderoso? Reflejarás la luz de Dios en tu vida, estés donde estés. Pero si tu dios es tu cuerpo, tu trabajo, tu intelecto, tu carro, tu casa o tu celular, o las drogas, el sexo, la violencia, estás lejos del verdadero Dios. Vuelve mientras hay tiempo.

Quien se rinde a pasiones como el caballo y el burro, sobre estos tiene poder el diablo, le dijo el ángel Rafael a Tobías. No se trata solo de sexo, sino también de ganar dinero, gastar dinero, cuidados corporales excesivos y obsesivos, mostrar autoridad, incluso hablar sin mesura puede convertirte en un soldado del maligno, impulsado por la codicia y la vanidad. Al final, colega, estará solo, sin nadie a quien pedir ayuda.

Sin vigilancia, el barco está a la deriva, sin rumbo. Sin familia, la persona queda desprotegida, suelta por el mundo. Por el contrario, una familia temerosa de Dios es unida, ayudándose unos a otros en tiempos difíciles. ¿Quiere saber en quién confiar? Pregúntales a tus amigos del club de fútbol o del bar si te ayudarían a pagar las facturas de tu tarjeta de crédito ...

2. CINTURÓN DE LA VERDAD

"Envía tu luz y tu verdad para que me guíen; llévame a tu santo monte y a tu morada" Salmos 42 (43), 3

La base de una buena armadura es el cinturón, que la sujeta y la mantiene ajustada. No es la protección para los pies, hablaré de eso pronto. Un militar sin un cinturón ajustado no puede luchar. Sus pantalones están cayendo, su chaleco está abierto. No puedes correr, tus piernas se atascan. No puedes usar tus manos, están ocupadas. No puede soportar suficiente peso, la columna no es firme. ¿Cómo va a pelear alguien agarrándose los pantalones con las manos? En resumen, el guerrero sin cinturón es atrapado por el enemigo en "pantalones cortos", en ropa interior, que se aprovecha de su vulnerabilidad e incluso lo humilla en la derrota.

Durante la escuela secundaria, mis compañeros inventaron un juego de muy mal gusto: como el pantalón y el short solo tenían elástico en la cintura, uno tiraba del pantalón del otro en medio del laboratorio, frente a las chicas. La intimidación solo se detuvo cuando comenzaron a vender pantalones con cordón para atar.

En un campamento, uno de los militares había perdido la hebilla del cinturón y estaba en problemas cuando llamaron a todos al lugar de reunión. Se sujetó los pantalones y dejó caer el rifle. Iba a coger el rifle, le cayó la gorra. Afortunadamente, encontramos otro cinturón antes de que entrara al agua y perdiera sus pantalones (o se ahogara, para ser encontrado muerto mostrando sus partes íntimas). Entrar en combate sin cinturón es una derrota definitiva.

Con la mentira y la información oculta pasa lo mismo.

Cuando la persona está atrapada en la mentira, hay un sentimiento de vergüenza y humillación, como si los pantalones se hubieran bajado en medio de la calle, o cuando los pantalones se rompen justo en la costura de la entrepierna cuando te agachas para recoger algo. Surgen las acusaciones: "¿No dijiste que estabas en la casa de tu amigo?", "¿No se había gastado ese dinero en medicinas?" ... La batalla espiritual termina antes de que comience, y el enemigo hace un verdadero conflicto psicológico. campaña para ensuciar tu imagen y credibilidad.

Quien no lleve el cinturón de la verdad utilizará la mentira como arma u omitirá alguna información importante. Esconder de la familia dónde ha estado, qué ha hecho, cuánto ha ganado, cuánto ha gastado. Algunos incluso ocultan el lugar donde viven de sus colegas o del cheque de pago de la esposa. La verdad, hermano mío, te protege de las trampas más astutas del enemigo, que pueden golpearte cuando estás desprevenido.

Otra ocasión para mentir es hacer alarde de algo que no eres. Las fotos personales en las redes sociales muestran a personas siempre felices, ricas y poderosas. No muestra peleas ni sufrimientos por parte de la persona, solo por parte de los demás. Muestre la bebida, pero nunca la resaca en el trabajo al día siguiente. Muestra el auto importado, pero le falta la factura atrasada de la tarjeta y los gastos con combustible, impuestos, seguro. Nadie necesita ser rico y poderoso para ser feliz. Lucir algo que no lo es, se vuelve aún peor. Además, cuando caen las máscaras, la humillación afecta a todos los involucrados. Los matrimonios y amistades basados en *status*, dinero o poder no duran mucho, las sospechas surgen tarde o temprano. Si es ostentación, las acusaciones parten de todos lados. No tiene sentido buscar culpables, porque en este juego nadie es inocente. Quién mintió y quién esperaba una ventaja indebida.

Una pequeña mentira termina tirando de otra mentira, y así sigue, en una cadena que te está tirando hacia el fondo. ¿Mintió? Debes asumir, arrepentirse, confesar. Dolerá mucho menos y podrá recuperar la confianza con el tiempo. La reputación del combatiente le protege mucho más que cascos o armaduras. El que hace el mal permanece en tinieblas, enseñó Jesús, porque no quiere que sus acciones sean expuestas. El que hace el bien no teme la luz de Dios, la verdad. Deja que la luz de

Dios ilumine tu proceder, hablando y escribiendo todo con rectitud y responsabilidad.

Se necesita virtud para anunciar la palabra de Dios, porque puede estar seguro de que se tomarán represalias contra toda buena acción que haga. Para protegerse del miedo y la vergüenza, siempre ajuste su Cinturón de la Verdad, siempre hablando con corrección y en el momento adecuado.

3. CORAZA DE LA JUSTICIA

"Haz justicia al pobre y al huérfano; haz justicia al afligido y al desamparado" Salmos 81 (82), 3.

La coraza es una armadura de placas de metal, colocadas de tal manera que protegen el cuerpo sin limitar mucho el movimiento. Protege todo el cuerpo, excepto la cabeza. Protege de todo tipo de impactos en combate, excepto flechas y dardos (estos pueden perforar las placas, y para sacar del cuerpo es necesario juntar un buen trozo de carne). Hoy la protección para el cuerpo está hecha de placas de kevlar y aramida, mucho más ligeras y capaces de resistir disparos de armas de fuego.

Bien ajustada al cuerpo, la armadura protege contra impactos. Si está suelto, los ataques pueden provenir de los puntos abiertos (generalmente en el tronco, debajo de los brazos) y el combatiente correrá inestable, balanceando todo el conjunto. Si está apretado, el combatiente se asfixia y sus movimientos son limitados, incapacitándolo para el combate.

Es fácil comprender el uso de la coraza de la justicia cuando se usa con el cinturón de la verdad: no es suficiente decir la verdad, tener un discurso honesto y sincero, sino que la verdad debe combinarse con la práctica, con la honestidad y la sinceridad, incluso actitudes sinceras. En otras palabras, la justicia está para hacerlo como la verdad está para decirlo.

Bien adaptada al espíritu, la armadura protege contra las blasfemias. Una persona justa no se deja enganar por el cuento del vicario, no compra un boleto de lotería ganador, no participa en esquemas comerciales piramidales (Telex Free, Ostrich Master, Am Way, uno nuevo aparece todos los días), no accede a un enlace sospechoso enviado por correo electrónico, no realiza conexión clandestina de agua o energía, respeta las señales de tráfico, respeta las leyes de barrio previstas en el Código Civil. Una persona justa devuelve el dinero que no es suyo, desecha su basura en un lugar adecuado (no mezcla cáscara de plátano con pilas gastadas), devuelve los objetos que encontró, sin importar el valor, respeta los horarios de las citas y cumple con sus obligaciones.

Cuando la teoría no está de acuerdo con la práctica, todos conocen las consecuencias: tiempo perdido, dinero perdido, sufrimiento innecesario. No solo para la persona, sino para todos los que lo rodean o que creen en él. Si se afloja, la armadura de la justicia no protege los puntos vitales y el enemigo disfrutará de un momento de distracción; si es demasiado estricto, la persona se vuelve inflexible, con un código de conducta tan estricto que solo él (o ni mismo él) puede cumplir, se vuelve una persona irritante, aliena a los demás y, a menudo, no puede perdonar.

No siempre he sido justo. Prediqué un discurso de moralidad, austeridad en las cuentas domésticas, esfuerzo en el trabajo y en los estudios, pero en la práctica fui flojo en el trabajo, perdí la perseverancia en los estudios, gasté en secreto lo que el presupuesto doméstico no permitía, y seguía viendo pornografía en ordenador. Por supuesto que me golpearon, mis flancos estaban desnudos. Pero Dios, en Su eterna paciencia, me estaba sacando lentamente del barro, mostrando mis debilidades. Todavía soy frágil en muchas áreas espirituales, pero ahora sé dónde están y las protejo mejor.

No es fácil ser justo. Nunca lo fue, y no esperes que algún día sea fácil llevar la coraza de la justicia (la justicia pesa más para el espíritu que el chaleco de kevlar y aramida para el cuerpo. ¿Lo dudas? Sé justo y lo sentirás) . Sepan que el esfuerzo vale la pena, el justo está protegido de casi todos los ataques del enemigo (aún tiene el escudo, pronto llegaré a él).

¿Cómo sé si estoy siendo justo? Utilice la regla de oro del derecho internacional humanitario: "No hagas a los demás lo que no te gustaría que hicieran por ti". ¿No quieres que te disparen por la espalda? No dispares por la espalda. ¿No quieres ser capturado y luego torturado? No tortures. ¿No quieres que entren a tu casa y recojan tus cosas? No irrumpir en la casa de otra persona (excepto en flagrante delito, desastre u orden judicial), y no tomar cosas de otros (excepto en los casos previstos por la ley, sé que me comprende). Incluso si el enemigo lo hace, no debes hacerlo, porque el soldado de Cristo guarda Sus palabras con su vida, no es un mercenario sin escrúpulos.

Está claro que la Regla de Oro del DIH se inspiró en las palabras de Jesucristo: "Ama a tu prójimo como a ti mismo". Jesús simplificó mucho nuestra vida, no necesita mucho esfuerzo, y no me digas que las cosas son más complejas hoy que hace dos mil años, porque las palabras de Jesús están vigentes y siempre lo estarán. Pide discernimiento. Escuche al Espíritu Santo (su conciencia) hablándole. Si no ha escuchado nada, tenga cuidado. Sea justo con usted mismo y con su prójimo. De lo contrario, ¿cómo le vas a pedir a Dios que sea justo contigo?

4. SANDALIAS DE LA DISPONIBILIDAD

"Haz mis pasos firmes en tu palabra; ninguna iniquidad se apodere de mí". Salmo 118 (119), 133.

Dependiendo de la Biblia que uses, la traducción de "sandalias de la disponibilidad" puede variar, y eso requirió mucha paciencia y discernimiento de mi parte. Busqué el texto en varios idiomas para intentar llegar a alguna conclusión. El texto de Efesios 6, 15 puede ser "preparar el Evangelio de la paz", "listo para el Evangelio de la paz" o "el celo por difundir el Evangelio de la paz". Estar listo es estar pronto, preparado, en buenas condiciones, y pronto comprenderá por qué elegí "sandalias de la disponibilidad".

La movilidad es fundamental para el combatiente. Quien quiera que esté en el campo de batalla se convierte en un objetivo fácil. En los conflictos armados de antaño, el combatiente necesitaba atravesar trincheras o buscar refugio donde fuera posible, pero siempre en movimiento, avanzando o retrocediendo con las tropas, o eventualmente aislado.

El conflicto armado moderno requiere aún más movilidad, patrullajes a pie muchas veces con la población civil, en un entorno urbano, en busca de objetivos y principalmente para transmitir confianza y credibilidad, y así ganar el apoyo de la población. Sin duda, la exposición al riesgo es mayor, pero el objetivo es demostrar seguridad. Si las tropas pasan en medio de la calle, siempre protegidas dentro de vehículos blindados, ¿qué pensará la población? Si las tropas no se sienten seguras, la población civil mucho menos. Y cuando el tanque rompe el asfalto, la acera, los autos estacionados, los pies de la gente, se vuelve contraproducente, y se acosa al que debe garantizar un ambiente seguro y estable. ¡¡¡He revolcado en el barro, guerrero !!!

Un elemento de la mochila de cada combatiente es el antiséptico para los pies, comúnmente en talco. Sirve para evitar que una tiña, un callo o el pie de atleta dejen fuera de combate al combatiente. No solo abandonará el combate, sino que llevará a otros dos combatientes para transportarlo, lo que puede comprometer la misión. Los pies necesitan estar protegidos de todo tipo de acciones naturales (humedad, frío, calor, espinas, raíces, serpientes) o perpetradas por el hombre (cordón de tropiezo, minas antipersonales, trampas).

¿Te diste cuenta de la importancia del movimiento y la protección de los pies en el campo de batalla? El combate espiritual implica el mismo movimiento. Un cristiano no pelea con ningún enemigo frente a la televisión, excepto viendo predicaciones y programas que anuncian la Palabra de Dios, y aun así es poco. Un combatiente de Cristo tiene que salir de casa y usar mucho sus pies para ayudar con las diversas tareas de la parroquia, como distribuir comida a familias necesitadas, ayudar con fiestas y celebraciones, y otras actividades que requieren pies rápidos y seguros.

Nuestra iglesia es peregrina. Peregrinar equivale a rezar con los pies (recuerda esto en tu próxima marcha). Jesús hizo dos peregrinaciones tan pronto como vino al mundo, una en el vientre de su madre a Belén, donde nació, y la otra a Egipto, a causa de la ira de Herodes. Ya adulto, Jesús hizo sus movimientos a pie, para estar en contacto con la gente. Para realizar una peregrinación es necesario proteger y cuidar bien los pies.

¿Cómo cuidar tus pies en el campo espiritual? Estar siempre dispuesto a anunciar el Evangelio. Levántese del sofá y busque la parroquia más cercana. Ofrezca la ayuda que pueda, no solo dinero. Las iglesias necesitan personas proactivas, que lo hagan todo el posible, que lleven la luz de Dios a los demás.

Uno de los programas más emocionantes que hicimos mi familia y yo juntos fue distribuir comida a personas sin hogar, junto con la Pastoral de los sin techo. Nadie fue excluido, era una actividad familiar y nos unió a todos. Un viernes por la noche, en lugar de ir a un restaurante para que nos sirvan, fuimos a servir un plato de comida caliente a las personas que no saben si van a comer al día siguiente. Fue inolvidable. Incluso comimos juntos con ellos al final.

Ay de mí si no anuncio el Evangelio, escribió San Pablo. Para participar en este tipo de combates, hermano mío, debes estar en alerta y aprovechar las oportunidades que se presenten. ¿De qué sirve tener la luz de Dios en ti y desperdiciarla, no iluminar a nadie? No basta con conocer el Evangelio, es necesario llevarlo a los que están en tinieblas.

En Mateo 8, 8, se dice que un centurión (equivalente a un capitán en la jerarquía militar moderna) le pide a Jesús que salve a su sirviente. Cuando Jesús pide ir al criado, el centurión dice: "Señor, no soy digno de que entres en mi casa, pero di una palabra y seré salvo". El centurión prosigue: "Yo también tengo soldados a mis órdenes, y cuando le digo a uno: ve, y se va; le digo a otro: ven, y viene; ya mi criado: haz esto, y lo hace". El centurión estaba listo para lo que Jesús decidió hacer sobre el tema, en total sumisión, e incluso dejó en claro que Jesús solo tenía que decir: vete, y la enfermedad se iría, o decir: ven y la cura vendría de inmediato. En combate es así, cuando el comandante dice tu nombre, tienes que estar preparado para lo que sea necesario, y cumplir las órdenes, sin demoras ni descuidos.

¿Aún no lo entiendes, cristiano? Cuando Jesús dice: lleva una canasta básica a una persona necesitada, lo harás, sin pensarlo, sin vacilar, lluvia, nieve o sol. Cuando Jesús dice: ven a una comunidad necesitada para ayudar, vienes como un guerrero disciplinado y consciente de tus deberes como cristiano. Cuando Jesús dice: haz un retiro espiritual o una peregrinación, respondes como María, un ejemplo de obediencia: "aquí está la sierva del Señor, hágase en mí según tu palabra". Cuando Jesús dice su nombre, responde: ¡Ahí, Comandante! ¿¡¿¡¿¡ENTENDIDO!?!?!?

5. ESCUDO DE LA FE

"Los que temen al Señor, confíen en el Señor; él es su ayuda y su escudo",
Salmo 114 (115), 11

Antes de la llegada de las armas de fuego, el escudo era una parte esencial de todo guerrero. Los golpes de armas contundentes, perforantes o cortantes se pueden recortar, lo que brinda una ventaja táctica que puede marcar la diferencia. El escudo se empuña en el brazo débil, ya que el fuerte sostendrá un arma. Cuanto más grande es el escudo, mayor es la protección, pero cuanto más pesado, menos agilidad en el campo de batalla.

Actualmente, el escudo se usa solo para el control de disturbios (manifestaciones públicas de grupos violentos) o en entradas tácticas, donde una persona está encerrada en un ambiente y se resiste al arresto / captura.

El luchador moderno también necesita mucha fe (que el paracaídas se abrirá, que el arma no se atascará, que el combustible será suficiente y que el enemigo va a fallar el tiro), pero la fe más importante está en Dios, así entrega a su voluntad con altruismo y abnegación, temiendo a Dios, y no al enemigo, ya sea físico o espiritual. Incluso si haces todo bien en tu vida, sé sincero y justo siempre y en todas partes, el enemigo te atacará. Incluso sin ninguna brecha en la mentira o injusticia, los ataques vendrán.

¿Necesita el cristiano un escudo de fe? Debes haberte dado cuenta de que la armadura de la justicia te protege de muchos ataques del enemigo. Pero no todos, porque cuando el enemigo no encuentra una brecha en la vida del justo, viene con una carga completa, para derribar al combatiente de cualquier manera, en un ataque frontal, que las sandalias de la disponibilidad no podrán hacer evitar. Se deja que el combatiente se reúna y reciba la acusación con esperanza y sin murmurar, como Job, un hombre justo que sufrió toda suerte de infortunios y no pecó contra Dios.

Ejemplo. Mi coche estaba aparcado correctamente, durante el día, y cuando volví, habían golpeado el costado con tanta fuerza que se subió a la acera. Pérdida de algunos miles de reales. ¿Hice algo malo para merecer este castigo? No me corresponde a mí conocer los designios divinos, pero en esa situación no hubo nada injusto en mi conducta. Solo quedaba activar el seguro (la persona que chocó el auto dejó un teléfono, y afortunadamente su seguro cubrió los gastos).

En esta situación en la que el impacto injusto (al menos aparentemente) afecta a la persona, la reacción suele ser de furia o desesperación, blasfemar contra Dios y el mundo. "¿Qué hice para merecer esto?", "No es posible, ¿por qué pronto lo haría?", "Fue Dios quien lo quiso", y otras infamias. Muchos de los justos terminan saqueando porque no supieron recibir un ataque frontal del enemigo y cayeron en el pecado. Síntoma de falta de fe.

Sin embargo, el cristiano que mantiene su escudo de la fe bien pulido y reluciente, recibe el golpe sin desvanecerse. ¿Han clonado tu tarjeta de crédito? ¿Perdiste tu trabajo? ¿Te robaron tu celular? ¿Explotaste el neumático de tu coche camino a la entrevista de trabajo? ¿Tuvo diarrea o cólicos el día del examen de ingreso o del concurso? ¿Tu hija se prostituyó? ¿Tu hijo se involucró con las drogas? ¿Su marido comete adulterio? ¿Tu esposa dejó la casa y los niños? No sirve de nada huir de tus responsabilidades, acusar a los demás solo para disculparte. Sea justo en todo, denúncielo, haga valer sus derechos. Pero cuando se agote la justicia, recibe el impacto con mucha fe, cruza y ábrete paso entre los tiros con tu escudo de fe, sin retroceder en el camino, como debe comportarse un guerrero temeroso de Dios.

Dejé el mejor ejemplo para el final. El juicio de Jesús estuvo lejos de ser justo y, sin embargo, recibió la flagelación y el martirio sin murmurar contra Dios. Durante su crucifixión, incluso cantó el Salmo 21: "Dios mío, Dios mío, ¿por qué me has desamparado?" Los latigazos y las uñas pueden haber atravesado Su Cuerpo, pero Su confianza permaneció intacta, su estado emocional permaneció sin cambios, sin ninguna manifestación de falta de esperanza, de desesperación. Jesús estaba absolutamente seguro, sin duda, de que vencería a la muerte, es decir, su conduta se mantuvo inquebrantable de principio a fin. De lo contrario, ¿cómo podría perdonar a sus verdugos y mantener un diálogo respetuoso con Dios mientras es clavado en la cruz?

Tener un escudo de fe no significa que el combatiente nunca caerá en el pecado, pero tendrá la fe, la fuerza necesaria para que el cristiano se levante y enfrente la adversidad. Aunque hayas seguido fielmente el acimut, entrenado y cumplido los mandamientos en su totalidad, si el paracaídas no se abre, el arma se atasca, se acaba la gasolina o el enemigo dispara, entrega tu vida a Dios y abraza tu destino con alegría en el corazón.

"¡Si el cuerpo no se mantiene, es la fe lo que nos sostiene!"

6. YELMO DE LA SALVACIÓN

"Espero, Señor, en tu salvación, y guardo tus mandamientos", Salmo 118 (119), 166.

La parte más frágil del cuerpo es la cabeza, fundamental para la supervivencia de todo el cuerpo. El daño en la cabeza es irreversible en la gran mayoría de los casos. Los guerreros de la antigüedad usaban cascos de metal, con una pequeña abertura al frente para los ojos y para respirar, y un distintivo que indicaba la tropa a la que pertenecían, generalmente una pluma grande y colorida, para evitar fratricidios.

Los combatientes modernos usan cascos balísticos, capaces de proteger sus cabezas de armas de fuego. Cualquiera que haya usado un casco de combate sabe lo que le molesta, además del sudor y el dolor de cabeza, y la posible calvicie por el uso prolongado. Pero la cabeza debe estar protegida, ya que un disparo puede causar la muerte instantánea.

De la misma manera, el yelmo de la salvación protege al combatiente en el lugar donde es más vulnerable: en sus pensamientos. No es fácil enfrentarse directamente a un cristiano decidido y fuerte en su fe; así, el enemigo emplea medios indirectos para confundir los pensamientos del combatiente y desorientarlo.

¿Cómo funciona esta táctica? También llamada como guerra de subversión, el enemigo busca generar revuelta dentro de la persona, haciendo relativo todo lo que cree, sus valores morales, culturales y tradiciones. De esta forma, el combatiente acaba huyendo del campo de batalla, desertando o pidiendo la desconexión de su unidad (su familia) y vive extraviado, sin rumbo en el mundo, y es fácilmente cooptado por las fuerzas contrarias.

La propaganda del enemigo apunta a destruir los valores que fortalecen la fe del combatiente: la corrupción y el favoritismo disminuyen los valores del trabajo y el espíritu empresarial; el adulterio debilita la importancia de la familia, la paternidad y la maternidad; la mentira como una forma de alejarse de los problemas o eludir responsabilidades se propaga como una solución, mientras que el honor y la verdad se ven como obstáculos, obstáculos para el logro de una meta; el estímulo del consumo excesivo e irreflexivo hace que la gente codicie cada vez más bienes materiales, olvidando la caridad y el amor a los necesitados (cuando la caridad tiene motivos ocultos, se convierte en un intercambio de favores).

El ataque también es muy fuerte por la vanidad, y sin darse cuenta, hombres y mujeres son llevados a adorar sus cuerpos como si fueran dioses, sacrificando su salud y acortando su vida con medicamentos y cirugías. La exhibición de títulos académicos, cargos de relevancia en empresas y organismos públicos es un ejemplo de orgullo. Y como si todo eso fuera poco, quien sucumbe a la vanidad o al orgullo, pero no lo pone en práctica, comienza a envidiar y alimenta su ira con robos y asesinatos.

Nada de esto es nuevo, han sido pecados capitales durante milenios, pero la campaña psicológica del enemigo es precisamente hacer creer a la persona que hay situaciones, en el mundo moderno, que justifican la comisión de estos pecados. "Lo importante es ser feliz", "Si no me cuido, ¿quién se va a cuidar?", "Me voy a dar un regalo, me lo merezco", "Todos lo hacen , ¿por qué no lo haría? " son excusas injustificables. Pueden pasar unas horas o varios años, la fe del combatiente se erosiona al ver telenovelas, leer noticias sensacionalistas, películas inmorales, ir a lugares que favorecen el sexo sin restricciones o convivir con personas que practican tales pecados.

¿Cómo, entonces, debe protegerse el cristiano de estos ataques, que poco a poco van debilitando su fe? Recordando la razón que gobierna nuestras vidas. Pregúntese: ¿por qué luchamos tan duro en este mundo, por nuestra vida, por nuestra familia? Es una lucha incesante trabajar todos los días con honestidad, mantener el buen humor, prestar atención a la esposa, hablar con los hijos. Llevar algunas canastas de alimentos básicos a una comunidad necesitada es un esfuerzo de guerra. Visitar un orfanato, entonces, es una operación de rescate de rehenes. Es mucho más fácil pecar. Entonces, ¿por qué tanto trabajo?

Para salvarse, es obvio. Cristiano, tu meta es tu salvación, la vida eterna. Entonces, recuerde que cualquier cosa que haga en esta vida, hágalo pensando en cuál sería la voluntad de Dios para usted. Pero sea honesto consigo mismo, pida consejo a personas cercanas a usted y a Él. A menudo sufro este dilema: mi actividad requiere que, de vez en cuando, acompañe a tropas en misión, en lugares de conflicto o crisis humanitaria en el país o en el extranjero, para instruir al soldado sobre los aspectos legales de la operación (Derechos Derechos Humanos, Ley Internacional de Conflictos Armados, Reglas de Compromiso y Normas de Conducta) e investigar casos de mala conducta. Esta actividad me llena de alegría el corazón, siento que estoy siendo útil para las tropas, para la población civil, y sobre todo para Dios, porque mi actividad ayuda a rescatar la dignidad del ser humano, muchas veces ignorada en el fragor de la batalla.

Sin embargo, cuando ayudo a los demás, necesito sacrificar el tiempo dedicado a mi familia, ya que paso varias semanas e incluso algunos meses fuera de casa. Para mitigar mi ausencia temporal, trato de hablar por teléfono o por videoconferencia (rezo también), les pido que envíen sus deberes por correo electrónico para que los corrija, pregunto por la escuela, jugamos acertijos. La nostalgia es inmensa. Se necesita mucho discernimiento para comprender cuál es la voluntad de Dios para mí, si debo ayudar a las personas asoladas por guerras o catástrofes, o cumplir con mi deber como esposo y padre.

Después de mucha oración y conversaciones con varios sacerdotes, capellanes militares, colegas cristianos en el cuartel y mi familia, llegué a la conclusión de que ambos son la voluntad de Dios, y el combatiente debe dividir adecuadamente su tiempo entre el trabajo y la familia, y en este caso de impasse el valor de la familia es mayor. Sin embargo, lo más importante es seguir su conciencia. Si va a una misión solo por dinero o para escapar de sus obligaciones familiares, puede dejar de hacerlo ahora mismo. Haz una buena confesión, una buena penitencia en flexiones y canguros, y vuelve a leer este libro desde el principio.

El yelmo de la salvación te ayudará a recordar siempre y en todas partes cuál es tu misión, hacer la voluntad de Dios y tu objetivo, que es ser salvo. No puedes dejar que la retórica del enemigo te golpee. Durante las misiones somos más vulnerables emocionalmente, debido a la ansiedad, el estrés de combate, la falta de comodidad, etc. Sin el Yelmo de la Salvación, comienzan a surgir discusiones por trivialidades, celos, egoísmo, arrogancia y la misión más grande (salvar tu alma) se ve comprometida, así como las misiones más pequeñas (rescatar y proteger a la población, arrestar criminales, neutralizar a los combatientes enemigos).

Muchos combatientes se suicidan porque están conmovidos emocionalmente, los pensamientos de sufrimiento y muerte atormentan sus cabezas día y noche, los recuerdos de personas en absoluta miseria, enterrados o heridos no le permite adormecer. Compañeros se suicidaron durante operaciones en el extranjero porque su esposa terminó la relación y le advirtió por teléfono. Esposas, conozcan bien a sus maridos para que puedan tomar decisiones extremas como esta. Si son vagabundos y adúlteros contundentes, una separación no tendrá mucho impacto a corto plazo (el remordimiento llega con el tiempo) y no se suicidarán. Sin embargo, si son buenas personas, temerosas de Dios, pero inmaduras, incapaces de escudar sus emociones, la posibilidad de suicidio es mucho mayor. Lo mismo ocurre con los esposos cuando la esposa está en una misión fuera de casa.

¿Recuerdas todo lo que escribí en el primer capítulo, sobre mirar y no dejar que la contaminación del mundo se te meta en la cabeza? Limpia toda esa basura y llénala de recuerdos de tu familia, desde aventuras en viajes hasta juegos después de la cena. Su asignación de misión será bien recibida por todos. Sobre todo, recuerde: si no está luchando por su salvación, ¿por qué está luchando?

7. ESPADA DEL ESPÍRITU

"Entonces tendré algo que responder a lo que me afrenta, porque en tu palabra confío", Salmo 118 (119), 42.

Desde la Edad del Bronce, los combatientes prehistóricos han utilizado espadas de varios tipos, tamaños y pesos. Cada civilización manifestó su propio estilo, por eso la katana japonesa es tan diferente de la cimitarra de los musulmanes, de la espada lunga de los ibéricos o del gladius de los romanos. Incluso con la llegada de las armas de fuego, la espada sigue siendo un símbolo del luchador honorable y justo.

La pólvora negra, y luego el alma rayada del tubo, cambiaron el campo de batalla. Antes la distancia aproximada de combate era de dos metros, hoy es de doscientos o más. Un combatiente a menudo ni siquiera sabe quién lo golpeó o dónde, las tecnologías desarrolladas para el combate han dado un salto significativo en el último siglo, aumentando la letalidad de los conflictos armados.

Sin embargo, continúan prohibidas las conductas que causen sufrimientos innecesarios o daños excesivos al combatiente, como municiones explosivas o expansivas, armas láser que causan ceguera permanente, minas antipersonal. Las armas químicas, biológicas y radiológicas también están prohibidas, ya que no distinguen los objetivos legítimos (combatientes) de otros (población civil).

El uso de la espada (o el rifle, actualmente) es el *métier* del combatiente. Todo el entrenamiento y equipo se utiliza para que pueda utilizar su armamento en las mejores condiciones y así neutralizar al enemigo. Entonces, la parte más importante de la preparación es el uso de armamento. Montaje, desmontaje, mantenimiento, ajuste, apuntar, apuntar acostado, de rodillas, de pie, cargar, cambio de arma en combate, progresión en ambiente hostil, cubrirse y refugiarse, disparar con gafas de visión nocturna, con visor, con visor térmico, trazador, munición perforante, etc.. es la vida diaria del combatiente, incluido el combatiente cristiano. En combate, el rifle es la novia, hay que estar muy bien cuidado y protegido, siempre en el hombro hasta para bañarse, hay que dormir abrazado al rifle como una esposa, pero mantenerlo cerrado para evitar disparos accidentales (esto también se aplica a las citas antes del matrimonio ... sin disparos accidentales, ¿copiado?)

¿Alguna duda sobre la Espada del Espíritu, guerrero? El combatiente necesita conocerlo con todo detalle, cómo funciona, cuánto pesa, cómo está cargado, su calibre, cuánta munición cabe en el cargador. No puedes salir de casa sin él. En misiones, el combatiente debe usarlo con mucha precaución, para alcanzar los objetivos identificados positivamente y no desperdiciar disparos. Al final, escribió San Pablo, la Espada del Espíritu es la Palabra de Dios. ¿Entiendes dónde está ella? En la Santa Biblia, ¿dónde más?

Elija su Biblia con cuidado. Mucha cautela. Para cualquier consulta puedes utilizar un dispositivo electrónico, pero para el estudio y el empleo en combate es importante tener uno en papel, que no falle, no se rompa, no dependa de la energía, y puedas recibir tus notas. Las Biblias cristianas son diferentes a las que usan los protestantes, en estas no hay libros de Tobías y Judite, por ejemplo. Además, algunas traducciones al portugués tienen variaciones. Siempre uso la Biblia Ave María y también la Biblia CNBB. Nunca consulte los textos bíblicos de sitios no confiables en Internet.

La palabra de Dios es un arma valiosa para luchar contra el enemigo. Primero, es mucho más poderoso que las palabras y los gestos que provienen solo de su razón e intelecto. Además, Su alcance es mucho mayor, la Palabra de Dios es la única forma de abrir un hueco en los corazones endurecidos por el pecado. Tenga en cuenta que el enemigo no es ese pobre pecador, sino el diablo que obra a través de él. La victoria de Cristo es contra el pecado, es contra este enemigo que luchamos, mostrando la verdad a un pecador y permitiendo que Dios actúe sobre ese pecador.

La Biblia no debe simplemente leerse o estudiarse como si fuera un libro literario. Una buena comprensión de los textos bíblicos requiere una actitud de oración. En primer lugar, comience con la señal de la cruz y una alabanza, hablada o cantada. Si no conoce las canciones de alabanza, lea un salmo y busque canciones del evangelio para escuchar a diario. Comience con los Evangelios y luego las cartas de los apóstoles, un capítulo al día. Leer una vez, reflexionar, leer de nuevo. Llevar un diario espiritual ayuda mucho.

"Donde dos o más se reúnan en mi nombre, allí estaré". Es necesario compartir la Palabra para que surta efecto. Así, el cristiano combatiente debe empezar a hablar de Dios con su esposa, luego con sus hijos, aumenta a otros familiares, compañeros cercanos, pero siempre con mucha humildad. No debes hablar en absoluto por tu propia inteligencia, sino por la acción del Espíritu Santo a través de ti.

La Espada del Espíritu solo se puede sostener si todos los demás elementos de la armadura están en buenas condiciones. Hablar de la vida y las enseñanzas de Jesús y mantener una vida corrupta y promiscua es un discurso vacío, que incluso puede convencer a los más desesperados, pero está lejos de Dios. De hecho, tu diálogo con Dios debe ser continuo, cada día y cada hora es apropiado para hablar con Dios y escuchar lo que tiene que decir.

La Palabra de Dios no se manifiesta solo por el habla o la escritura. Cada gesto, actitud o trabajo que demuestra ser el combatiente un testimonio de vida cristiana. Más que ser cortés con todos, sin importar la clase social o función, la lucha que el cristiano enfrenta va desde distanciarse de los compañeros de trabajo que solo hablan malas palabras o pornografía, dejar de usar productos falsificados, respetar las leyes de tránsito y rechazar cualquier tipo de favoritismo indebido.

Escribiré algunos ejemplos de cómo el enemigo hace incursiones para tratar de alcanzar al combatiente. Cuando estaba escribiendo este libro, le mostré el escrito a un compañero cristiano en uniforme, y dijo que el contenido era demasiado fuerte, que expondría los problemas de muchos miembros del personal militar. La respuesta llegó como un disparo: "Bienaventurado es cuando eres perseguido e insultado por mi culpa". Amenaza neutralizada y confirmación de que estoy en el camino correcto.

En las fiestas siempre rechazo todo tipo de bebidas alcohólicas, y en los restaurantes pedimos platos saludables (pizza de brócoli, zumo de naranja con zanahorias). Cuando me preguntan por qué, digo que "mi cuerpo es un templo del Espíritu Santo". No necesito ninguna sustancia artificial en el cerebro para ser feliz. Como no veo telenovelas ni leo revistas de chismes, en los comentarios sobre esto respondo: "los ojos son la luz del cuerpo"; si no consumo basura con la boca, ¿por qué la consumiría con los ojos y los oídos?

Cuando alguien pregunta por qué no grito, no digo palabrotas y / o juramentos, ante Dios o no, le digo que "no es lo que entra por la boca lo que contamina al hombre, sino lo que sale de ella". Este aparentemente es contradictorio con el anterior, reflexiona sobre ellos y te darás cuenta cuando los utilices.

Cuando me preguntan por qué me ofrezco como voluntario para las misiones de paz, entre otras misiones militares, en las fronteras o en las favelas, aún con todo el peligro y el malestar, respondo al mismo tiempo: "Bienaventurados los pacificadores, porque serán llamados hijos de Dios ". Ni siquiera mi familia puede entender por qué me mantengo alejado de ellos durante semanas, arriesgando mi vida por personas desconocidas y, a menudo, ingratas, egoístas y aprovechadoras. Muchos de ellos nunca han oído hablar de Jesús o no creen en él.

A veces me preguntan por qué tengo un auto simple, una casa simple, voy en bicicleta al trabajo incluso cuando llueve, no tengo el último modelo de teléfono inteligente y no uso ropa de marca, la respuesta es "no puedes servir dos amos, quien sirve al dios del dinero no sirve a Dios ". Como en las conversaciones, nunca expongo nada que no haya sido preguntado ("¿por qué no dijiste que estudiaste y trabajaste en el extranjero, hablas varios idiomas, trabajaste con el General Fulano de Tal?"), Solo respondo "Los que se humillan serán enaltecidos, y los que se exaltan serán humillados". Y cuando empiezan a señalar mis pecados pasados, a descalificar la obra de Dios hecha a través de mí, regreso con "quita la viga de tu ojo antes de apuntar la mota en el ojo de tu hermano".

Muchas veces intentaron mostrarme imágenes pornográficas en el alojamiento, pero yo digo que "el que quiere a otra mujer, incluso en su corazón, ha cometido adulterio". Y cuando dan a entender que mi esposa me envía demasiado, les devuelvo el fuego con "ama a tus esposas como Cristo amó a tu iglesia", es decir, con un sacrificio extremo.

También me han dicho que merezco un trabajo mejor, estoy calificado para ganar mucho más, sin tener que soportar una carga tan pesada. Respondo con "tengo que florecer donde Dios me planta". Si empiezan a inflar mi ego con elogios, verdaderos y falsos, les respondo "Bienaventurados los humildes, porque heredarán la tierra".

Cuando defiendo la observancia de la dignidad de la persona humana en las operaciones, mediante las Reglas de Compromiso, las normas de derechos humanos y / o el Derecho Internacional de los Conflictos Armados, recibo de algunos de los temerarios el lema de la desunión, rueda atascada, traicionada. La respuesta es clara: "Bienaventurados los perseguidos por causa de la mia justicia, porque de ellos es el Reino de los Cielos". Cuando me piden que releve al militar que ha cometido alguna falta, disparo "Bienaventurados los que tienen hambre y sed de justicia, porque quedarán satisfechos".

Cuando hablan de la disolución de sus matrimonios, ya respondo que "lo que Dios ha unido al hombre no lo separa". Si no hubieran celebrado el matrimonio en la iglesia, o tenido varias relaciones efímeras, digo que "el que se entrega a sus pasiones, como el caballo y el burro, sobre ellos tiene poder el diablo".

Cuando pusieron in duda mi fe en Jesucristo, en la Iglesia Católica y en Nuestra Señora, recuerdo las palabras de Jesús a Tomás: "Bienaventurados los que creyeron sin haber visto". Si empiezas a murmurar de corrupción, calor, tráfico, frío, lluvia, colas, deudas, trabajo, malas inversiones, digo que "busca primero el Reino de Dios y su justicia, y todo lo demás se te sumará".

No tiene sentido copiar y repetir lo que yo o alguien más dijimos. Entiéndalo bien: no soy yo quien habla, sino la Espada del Espíritu Santo que habla por mí. Solo por mi fuerza no podría hacerlo, la persecución y la humillación son muy fuertes, el miedo, la vergüenza y la lujuria me harían encoger de hombros y callar. Necesito ser auténtico, o es mejor no decir nada.

Otro ejemplo: cuando preguntan qué gano con todo esto, qué provecho, cuál es la ventaja, les respondo: "que mi mano derecha no conoce la caridad que hace tu mano izquierda. El Señor Dios observa lo que haces en secreto y así acumularás tesoros en los cielos ". El sentimiento de logro es más valioso que cualquier bien o ventaja material. Además, estoy muy feliz de permanecer en el anonimato. Cuando desaparezco, aparece la obra de Dios.

8. EL TIEMPO DEL COMBATE

"Si el mundo te odia, sabes que me odia a mí en lugar de a ti. Si fueras del mundo, el mundo te amaría como a sí mismo. Como, sin embargo, no eres del mundo, sino del mundo que elegí tú, por tanto, el mundo recuerda la palabra que dije: el siervo no es mayor que su amo. Si me persiguieron, también te perseguirán a ti. por mi nombre, porque no conocen al que me envió. no habían venido y no les habían hablado, no habrían pecado: pero ahora no hay excusa para su pecado. No habrían pecado, pero ahora los vieron y me odiaron a mí y a mi Padre. Pero para que se cumpla la palabra escrita en su Ley: me odiaron sin razón ". Juan 15, 18 a 25.

Combatiente, puedes llevar la Luz del Mundo donde se necesite. No oculte su capacidad para santificarse a sí mismo y a su familia, además de traer de regreso al redil a la oveja descarriada del Señor. Jesús es el buen pastor. Él conoce a sus ovejas por su nombre y ellas lo reconocen por la voz. El Buen Pastor da su vida por sus ovejas. Sigan su ejemplo. "Renuncia a ti mismo, toma tu cruz y sígueme".

El luchador cristiano teme a Dios y a nadie más. Sin embargo, escuche la opinión de familiares y amigos cristianos, nuestro discernimiento no siempre está bien afinado. Como líder de tu familia, eres el jefe, el primero en bajarse del helicóptero, el primero en desembarcar, el primero en enfrentarse al enemigo. ¿A quién le gusta ser el primero en el salto libre nocturno? Ríndete a Dios con todo tu cuerpo y alma. "Toma la mano de Dios y vete".

Durante el período escolar hasta la universidad fui muy tímido, hablaba poco, tenía pocos amigos. Como no bebía ni hablaba malas palabras, hicieron un tintineo en el que junté las manos, recé y dije amén. Poco sabían de mi infancia llena de pornografía, mentiras y falsedades. Solo un ejemplo: a la edad de siete años logré engañar a mi madre para que me diera la lección de matemáticas, y la maestra descubrió por qué su letra es mucho más hermosa que la mía. Había muchos pecados mal confesados y mucho dolor no resuelto, pero todo estaba protegido. Cuando salí de la universidad, pasé momentos de gran tentación, de poner todo en práctica.

A medida que me acercaba a Dios, la tentación crecía aún más. ¿Cuáles fueron mis debilidades? Primero, el hecho de que siempre he visto al segmento femenino como un objeto de consumo, desde mi infancia. Mi noviazgo y compromiso no fueron del todo santos, y terminé llevando estos comportamientos al matrimonio. La falta de diálogo y empatía fue siempre el combustible de las discusiones. Toda esta pecaminosidad fue acumulada, no tuve el valor de ponerla en práctica ni de confesar.

Varias personas me ayudaron a salir del círculo vicioso del pecado, pero la principal fue mi esposa, quien me enseñó el valor del trabajo y el estudio, así que dejé de vagar y estudié todas las asignaturas en la universidad, luego para concursos. Mi orgullo desapareció, me disculpé por todo, incluso por lo que no fue mi culpa. Mi pereza y vanidad dieron paso a trabajar en varias áreas, como albañil, profesor de inglés, abogado y finalmente militar. Solo faltaban la glotonería y la lujuria, que considero las dos más difíciles.

Poco a poco aprendí a ayunar. Mi primer ayuno fue por edulcorante, en Cuaresma. No fue fácil tomar algo amargo. Me gustó tanto que hoy bebo café puro y jugo de limón con alegría. Luego vinieron varios ayunos en Cuaresma, de arroz, de leche, siempre con cuidado de sustituir por otros de similar valor nutricional. A veces ayunaba para almorzar, pero no era fácil ir a casa-trabajo-casa en bicicleta mientras ayunaba, después pequé por comer demasiado.

La penitencia es diferente al ayuno. Ambos son una mortificación del cuerpo, pero el ayuno es dejar de comer y la penitencia es el esfuerzo del cuerpo (¡ir al gimnasio no es penitencia!). Es como alimento operativo en el campo: si comes, es penitencia; si no comes, es ayunar.

La penitencia para vencer la lujuria fue más laboriosa. Exigió el fin de la pornografía y la masturbación, luego la confesión y la reconciliación.

Mi esposa tuvo mucha paciencia conmigo, al igual que yo la tuve con ella. Fue un esfuerzo conjunto para redescubrir la santidad en el matrimonio, especialmente la fertilidad. No más vasectomías ni condones, usamos el método Billings. Ya nos han premiado con dos chicas, y si tenemos más será una bendición. "Cualquiera que reciba a uno de estos niños, tú me recibes a mí". Si el matrimonio no está abierto a la vida, a través de los hijos, tampoco lo está a Dios.

Participar en un combate espiritual puede ocurrir en cualquier momento y en cualquier lugar. Un día salía de la panadería y encontré a dos chicos pidiendo dinero, diciendo que tenían hambre y querían comer algo. Los había visto antes, fumando algo diferente de un cigarrillo con filtro, frente a la iglesia cercana. No tuve dudas. "Los vi a los dos usando drogas al principio, ¿y ahora me pides dinero?" Lo negaron con vehemencia. "Deshazte de las drogas, te están matando". Nunca los volví a ver, en la panadería o frente a la iglesia fumando. *Headshot* al enemigo.

En más de una ocasión vi gente tirando papeles sucios al suelo. Tomé el papel, me acerqué a ellos y les dije: "Se le cayó este papel". Esta fue una buena oportunidad para experimentar el amor por los demás. Aunque se sintieron avergonzados por haber sido sorprendidos haciendo algo mal, les di la oportunidad de redimirse. No me importa si volvieron a ensuciar el suelo.

Elige bien a quién vas a servir. "El que quiera conservar su vida, la perderá. Pero el que pierda su vida por mi culpa, la conservará". Estamos en este mundo, con todos los problemas dentro de nosotros, el pecado. Los que aparentemente están fuera de nosotros están dentro de alguien, y no nos corresponde a nosotros juzgar el pecado de los demás. "Con la regla que mides serás medido".

No estás aquí para juzgar, sino para ayudar a ahorrar. De esa manera serás salvo. Tan simple como eso, las cosas de Dios deberían ser.

CONCLUSIÓN

"Los once discípulos fueron a Galilea, al monte que Jesús les había asignado. Cuando lo vieron, lo adoraron; sin embargo, algunos todavía vacilaban. Pero Jesús, acercándose, les dijo: 'Toda autoridad me fue dada en el cielo. y sobre la tierra. Id, pues, y enseña a todas las naciones; bautízalos en el nombre del Padre, del Hijo y del Espíritu Santo. Enséñales a guardar todo lo que he prescrito. fin del mundo "Mateo 28, 16 a 20.

El cristiano no es de este mundo, no pertenece a este mundo. Creer en Jesús y seguir Su Palabra es visto como una locura por aquellos que viven según las reglas del mundo. Este tipo de combatiente espiritual forma un destacamento encargado de cumplir una misión, determinada por Dios en virtud de su amor por su Creación. Todos somos soldados bajo el mando de Nuestro Señor Jesucristo, cada uno en su especialidad, pero siempre con la misión en mente.

Puede ser que hayas llegado hasta aquí, lector, pero aún tienes dudas sobre esta posición más activa del católico en relación al mundo que lo rodea, de la necesidad de entablar un combate espiritual. No se amolden a este mundo, sino sean transformados por la renovación de su espíritu, escribió San Pablo a los Romanos.

San Pío X, en su Catecismo, lo aclara aún más: "La Crisma, o Confirmación, es un Sacramento que nos da el Espíritu Santo, imprime en nuestra alma el **carácter de soldados de Cristo** y nos hace cristianos perfectos" (Catecismo, 575). ¿No sabía? Demasiado tarde, ahora lo sabes. Verdaderos cristianos confirmados, recibimos los dones del Espíritu Santo, el apoyo de fuego necesario para la batalla contra nuestro único enemigo.

El sello espiritual que lleva la Confirmación es rico en significados: es signo de abundancia, alegría, purificación, belleza, pero también agilidad (unción de deportistas y luchadores) y curación (alivia contusiones y ayuda a curar heridas) (CIC, 1293).

Cada uno de los dones infundidos del Espíritu Santo está íntimamente ligado a una virtud humana (disposición habitual y firme para hacer el bien), por lo que es imprescindible practicar la virtud siempre (depende solo de ti) y en momentos de dificultad el Espíritu Santo actúa, logrando lo imposible desde el momento en que se agota lo posible. Es como si estuvieras remando en alta mar, y cuando aparece un tiburón, un fuerte viento comienza a empujar el barco a tierra.

Aquí están las virtudes y sus respectivos dones, y una explicación muy breve:

Virtud de la Fe: Don de Entendimiento

Santo Tomás de Aquino, a los seis años, preguntó a un Padre: "¿Quién es Dios?", "No necesitas entender", respondió el Padre, "esto es cuestión de fe". "Pero es precisamente porque tengo fe en Dios que quiero entenderlo"

En la doctrina católica, la virtud de la fe y el don de entendimiento son conceptos complementarios, pero presentan diferencias importantes. La fe, virtud teologal, es una disposición habitual que nos lleva a creer en Dios y en todo lo que Él ha revelado. Es una respuesta libre del ser humano a la revelación divina, que nos permite confiar en las verdades que no podemos comprender plenamente solo con la razón.

Por otro lado, el don de entendimiento es uno de los dones del Espíritu Santo. Nos concede la capacidad de comprender con mayor profundidad las verdades reveladas por Dios. Mientras que la fe nos lleva a creer, el don de entendimiento nos ayuda a comprender estas verdades con mayor claridad y profundidad, facilitando una relación más íntima con Dios y una mayor comprensión de su voluntad.

En resumen, la virtud de la fe es la disposición habitual a creer en Dios, mientras que el don de entendimiento es una gracia que nos ayuda a comprender mejor estas verdades. Ambos son esenciales en la vida cristiana: la fe nos sostiene en la esperanza y la confianza, y el don de entendimiento profundiza esta relación, permitiéndonos conocer más sobre Dios y su obra.

Virtud de la Esperanza: Don de la Ciencia

"Espera, alma mía, espera. Ignoras el día y la hora (...) cuanto más luches, más saborearás el amor que tienes por tu Dios y más te regocijarás un día con tu Amado, en una felicidad y un éxtasis que nunca terminará ".,
Santa Teresa de Jesus

La Virtud de la Esperanza es una de las tres virtudes teologales, junto con la Fe y la Caridad. Es una disposición habitual que nos lleva a desear y esperar con confianza la vida eterna y las promesas de Dios. Según la doctrina católica, la esperanza sostiene el corazón del cristiano, incluso ante las dificultades y el sufrimiento, porque cree en la fidelidad de Dios y en el cumplimiento de sus promesas.

Esta virtud no es solo un sentimiento de optimismo, sino una firme confianza en que, con la gracia de Dios, podemos alcanzar la salvación y la plenitud de la vida. La esperanza motiva al cristiano a perseverar en la fe, a buscar la santidad y a mantenerse firme ante la adversidad, confiando siempre en la misericordia divina.

Por otro lado, el Don de Ciencia es uno de los dones del Espíritu Santo que permite al creyente conocer las verdades de Dios y su creación. Este don no se refiere solo al conocimiento intelectual, sino a una comprensión profunda y espiritual de las realidades divinas y humanas, lo que lleva a la admiración y al amor a Dios.

El Don de Ciencia ayuda a los cristianos a discernir lo verdadero, lo bueno y lo bello, guiando sus acciones y decisiones según la voluntad de Dios. Ilumina la mente, permitiendo a los creyentes percibir la presencia de Dios en el mundo y en sus propias vidas, promoviendo una comprensión más amplia del misterio divino.

Aunque son distintos, la Virtud de la Esperanza y el Don de Ciencia se complementan en el camino espiritual. La esperanza proporciona la motivación y la confianza necesarias para perseverar en la fe, incluso sin comprender plenamente los misterios de Dios. Sostiene el corazón del cristiano en la búsqueda de la salvación.

El Don de Ciencia ofrece conocimiento que profundiza esta esperanza, aclarando las verdades de Dios y fortaleciendo la fe con comprensión. Mientras que la esperanza mantiene la mirada puesta en el futuro y la promesa de Dios, el Don de Ciencia ayuda a percibir la presencia de Dios en el presente, alimentando la confianza y el amor.

En la doctrina católica, la Virtud de la Esperanza y el Don de Ciencia desempeñan un papel esencial en la vida de los cristianos. La esperanza es el fundamento que sustenta la confianza en la misericordia divina, mientras que el Don del Conocimiento ilumina la mente, permitiendo una comprensión más profunda del misterio de Dios. Juntos, conducen a los fieles a una relación más plena y consciente con el Creador, promoviendo un camino de fe basado en la confianza y el conocimiento.

Virtud de la Caridad: Don de la Sabiduría

"Si nos apartamos del mal mediante el castigo, somos esclavos; si buscamos el bien por la recompensa, somos mercenarios; si es por el bien en sí mismo, y por el amor de quien manda que obedezcamos, entonces estamos en la posición de niños", São Basilio

En la vida espiritual del cristiano, la búsqueda de una unión más profunda con Dios y con los demás se sustenta en diversas virtudes y dones del Espíritu Santo. Entre ellos, destacan la Virtud de la Caridad y el Don de la Sabiduría. Si bien tienen funciones distintas, se complementan en el camino de fe, ayudando al creyente a amar verdaderamente y comprender el misterio de Dios.

La Virtud de la Caridad, también conocida como amor, se considera la mayor de las virtudes teologales. Es una disposición habitual que lleva al cristiano a amar a Dios sobre todas las cosas y al prójimo como a sí mismo. Según la doctrina católica, la caridad es el amor que se manifiesta en acciones concretas, buscando el bien ajeno sin esperar recompensa.

La caridad es el corazón de la vida cristiana, porque refleja el amor de Dios por nosotros y nos invita a amar desinteresadamente. Se manifiesta en la misericordia, la compasión, la paciencia y la entrega a los demás.

Esta virtud transforma nuestra forma de vida, convirtiéndose en una expresión del amor divino en la práctica diaria.

Por otro lado, el Don de Sabiduría es uno de los dones del Espíritu Santo que nos permite percibir y valorar las cosas de Dios con una profunda comprensión. Nos ayuda a ver la realidad a la luz de la fe, reconociendo la presencia de Dios en todas las cosas y valorando lo verdadero, lo bueno y lo bello.

La sabiduría no se limita al conocimiento intelectual, sino que implica una experiencia de amor y unión con Dios. Nos conduce a una comprensión más profunda del misterio divino, ayudándonos a discernir lo más importante en la vida y a guiar nuestras acciones según la voluntad de Dios.

Aunque son distintas, la Virtud de la Caridad y el Don de Sabiduría están intrínsecamente unidos en la vida del cristiano. La caridad es el amor que se manifiesta en acciones concretas, mientras que la sabiduría es la comprensión que nos ayuda a amar más profunda y verdaderamente.

La sabiduría ilumina la mente, permitiéndonos percibir la presencia de Dios en todo lo que nos rodea, despertando en nosotros un amor más genuino y desinteresado. La caridad nos lleva a poner en práctica este amor, viviendo de una manera que refleje el amor de Dios por toda la humanidad.

En la doctrina católica, la virtud de la caridad y el don de la sabiduría son esenciales para una vida de fe plena y auténtica. La caridad nos enseña a amar de verdad, mientras que la sabiduría nos ayuda a comprender el amor de Dios y a aplicarlo en nuestras acciones. Juntas, forman un camino de crecimiento espiritual que lleva al cristiano a una unión más profunda con Dios y con los demás, basada en el amor verdadero y la comprensión del misterio divino.

Virtud de la Prudencia: Don de Consejo

"El astuto discierne sus pasos" Proverbios 14,15

La Iglesia enseña que poseemos virtudes y dones del Espíritu Santo que nos ayudan en nuestra peregrinación terrenal. Entre ellos se encuentran la Virtud de la Prudencia y el Don de Consejo. Aunque tienen funciones distintas, ambos trabajan juntos para guiar nuestras acciones y decisiones, promoviendo una vida más alineada con el amor y la voluntad de Dios.

La prudencia es una de las virtudes cardinales, considerada esencial en la vida moral del cristiano. Es la capacidad de discernir lo correcto y actuar con sensatez, prudencia y justicia. Según la doctrina católica, la prudencia nos ayuda a evaluar las circunstancias, sopesar las consecuencias de nuestras acciones y elegir el mejor camino a seguir.

Esta virtud es como un faro que ilumina nuestras decisiones, evitando impulsos y acciones precipitadas. Nos anima a reflexionar, a buscar consejo cuando sea necesario y a actuar con moderación, buscando siempre el bien común y la voluntad de Dios. La prudencia, por lo tanto, es una virtud que nos acompaña en todos los ámbitos de la vida, ayudándonos a vivir con responsabilidad y sabiduría.

Por otro lado, el Don de Consejo es uno de los dones del Espíritu Santo que nos otorga una guía especial para la toma de decisiones. Nos ayuda a discernir la voluntad de Dios para nuestras vidas, ofreciéndonos una guía interior que nos lleva a tomar decisiones que promueven el bien espiritual y moral.

El consejo no es solo una opinión, sino una ayuda divina que nos guía a actuar con prudencia, amor y justicia. Nos permite escuchar la voz de Dios en nuestro corazón, buscar consejo en la oración, en la Iglesia y en la comunidad, y tomar decisiones alineadas con los valores del Evangelio. Así, el Don de Consejo es una luz que ilumina el camino, especialmente en momentos de duda o dificultad.

Aunque distintos, la Virtud de la Prudencia y el Don de Consejo se complementan en la vida del cristiano. La Prudencia es la virtud que nos prepara para actuar con sabiduría, mientras que el Don de Consejo es la guía divina que nos ayuda a elegir el mejor camino según la voluntad de Dios.

La prudencia nos da la capacidad de evaluar las situaciones con madurez, mientras que el consejo nos ayuda a percibir qué decisión se alinea mejor con el plan de Dios para nuestras vidas. Juntos, forman un dúo poderoso que nos lleva a actuar con sabiduría, justicia y amor.

En el camino de la fe, la virtud de la prudencia y el don del consejo son esenciales para vivir con responsabilidad y en armonía con la voluntad de Dios. La prudencia nos enseña a actuar con sabiduría y responsabilidad, mientras que el consejo nos guía a discernir la voluntad de Dios en nuestras decisiones. Cuando trabajan juntos, nos ayudan a tomar decisiones que promueven el bien espiritual, fortaleciendo nuestra relación con Dios y con los demás. Que siempre busquemos esta sabiduría divina para caminar con confianza y amor por el camino del Señor.

Virtud de la Justicia - Don de Piedad
"Señores, den a sus siervos la justicia y la equidad, sabiendo que tienen un Señor en los cielos", Colosenses 4,1

En la vida cristiana, buscar la perfección moral y la unión con Dios implica practicar las virtudes y recibir los dones del Espíritu Santo. Entre estos, destacan la Virtud de la Justicia y el Don de la Piedad. Aunque tienen funciones distintas, ambos son esenciales para una vida de fe auténtica, promoviendo el amor, la misericordia y la armonía en las relaciones humanas y con Dios.

La justicia es una de las virtudes cardinales, considerada fundamental en la vida moral del cristiano. Consiste en dar a cada persona lo que le corresponde, promoviendo la equidad, la honestidad y el respeto a las leyes y los derechos ajenos. Según la doctrina católica, la justicia es el fundamento de las relaciones humanas, ya que garantiza que las acciones se guíen por la verdad, la justicia social y la solidaridad.

Practicar la justicia significa actuar con integridad, defender los derechos ajenos y promover el bien común. Esta virtud nos invita a ser justos en nuestras actitudes, a respetar las diferencias y a buscar siempre la equidad, reflejando el amor de Dios en nuestra vida diaria.

Por otro lado, el Don de Piedad es uno de los dones del Espíritu Santo que nos guía a una relación filial y amorosa con Dios. Nos ayuda a reconocer a Dios como nuestro Padre amoroso y a desarrollar una actitud de reverencia, respeto y devoción. La piedad nos inspira a amar a Dios con todo nuestro corazón, con sinceridad y gratitud, y a demostrar este amor mediante actos de misericordia y cuidado del prójimo.

La piedad también nos motiva a cultivar una actitud de humildad, confianza y gratitud, reconociendo la presencia de Dios en nuestras vidas y en las de los demás. Es una virtud que nos lleva a vivir con un corazón lleno de amor y reverencia, promoviendo la armonía entre nuestra relación con Dios y con quienes nos rodean.

Aunque son distintos, la Virtud de la Justicia y el Don de Piedad se complementan en el camino de la fe. La justicia garantiza que nuestras acciones sean correctas y justas, promoviendo el respeto y el bien común. La piedad nos ayuda a cultivar una relación amorosa y reverente con Dios, que también se manifiesta en el cuidado y la misericordia hacia nuestro prójimo.

La justicia sin piedad puede volverse fría o impersonal, mientras que la piedad sin justicia puede convertirse en sentimentalismo o complacencia. Juntos, estas virtudes y dones forman un equilibrio que nos lleva a actuar con rectitud, amor y misericordia, reflejando el corazón de Dios en nuestras vidas.

En la doctrina católica, la Virtud de la Justicia y el Don de la Piedad son esenciales para una vida plena y alineada con la voluntad de Dios. La justicia nos guía a actuar con equidad e integridad, mientras que la piedad nos lleva a amar y reverenciar a Dios y al prójimo. Cultivadas juntas, estas virtudes nos ayudan a vivir con responsabilidad, amor y misericordia, construyendo una sociedad más justa y un corazón más lleno de amor divino. Busquemos siempre esta armonía para caminar con fe, esperanza y amor por el camino.

Virtud del Coraje - Don de la Fortaleza
"Mi fuerza y mi cántico es el Señor", Salmo 118.14

"En el mundo tendréis tribulaciones, pero tenéis valor: yo he vencido al mundo" Juan 16,33

En nuestro camino de fe, nos enfrentamos a numerosos desafíos y obstáculos que requieren fuerza, coraje y perseverancia. La Iglesia Católica nos enseña que, para superar estas dificultades, nos apoyamos en las virtudes y dones del Espíritu Santo que nos fortalecen y nos ayudan a perseverar. Entre ellos, destacan la Virtud de la Coraje y el Don de Fortaleza. Aunque tienen funciones diferentes, ambos trabajan juntos para darnos valentía y firmeza para seguir el camino de Dios con confianza y esperanza.

La coraje es una de las virtudes cardinales, esencial en la vida moral del cristiano. Nos permite afrontar el miedo, las dificultades y las tentaciones con firmeza y determinación. Según la doctrina católica, la valentía nos ayuda a no retroceder ante el mal, a perseverar en la fe y a actuar con valentía, incluso en tiempos difíciles.

Practicar la coraje significa no dejarnos dominar por el miedo, sino confiar en la fuerza de Dios para superar los obstáculos. Es la virtud que nos impulsa a defender la verdad, la justicia y nuestra fe, incluso en tiempos de adversidad. Así, la valentía es una virtud que nos fortalece interiormente, permitiéndonos avanzar con esperanza y confianza en la promesa de Dios.

Por otro lado, el Don de Fortaleza es uno de los dones del Espíritu Santo que nos otorga fuerza espiritual y resistencia. Nos ayuda a permanecer firmes en nuestra fe, especialmente en momentos de prueba, sufrimiento o tentación. La fortaleza nos da el coraje para afrontar las dificultades sin perder la esperanza ni la confianza en Dios.

Este don nos permite resistir las tentaciones, afrontar la adversidad con serenidad y perseverar en el bien. Es una ayuda divina que nos sostiene, fortaleciendo nuestra alma y dándonos el coraje para seguir adelante, incluso cuando todo parece difícil. La fortaleza es, por tanto, una fuerza interior que proviene de Dios para mantenernos firmes en nuestra vocación cristiana.

Aunque son distintos, la Virtud de la Coraje y el Don de Fortaleza se complementan en la vida cristiana. La valentía es una virtud que podemos cultivar mediante el esfuerzo humano, ayudándonos a actuar con valentía ante los desafíos. La fortaleza es un don del Espíritu Santo, una gracia divina que nos sostiene y fortalece en momentos difíciles.

Juntas, forman un dúo poderoso: la valentía nos impulsa a actuar, mientras que la fortaleza nos sostiene en la perseverancia. La virtud de la coraje nos ayuda a dar el primer paso, a enfrentar el miedo, mientras que el don de la fortaleza nos da la fuerza para continuar, incluso cuando el camino se vuelve difícil. Así, podemos decir que la coraje es el impulso humano y la fortaleza es el apoyo divino que nos sostiene en el camino.

En la vida cristiana, la virtud de la coraje y el don de la fortaleza son esenciales para afrontar los desafíos con fe, esperanza y amor. La coraje nos motiva a actuar con valentía, mientras que la fortaleza nos da la fuerza para perseverar y resistir las tentaciones y dificultades. Al trabajar juntas, estas fuerzas nos ayudan a vivir con firmeza y confianza en la promesa de Dios.

Virtud de la Templanza: Don del Temor de Dios

"No te dejes llevar por tus pasiones y refrena tus deseos", Eclesiástico 18, 30

La templanza es una de las cuatro virtudes cardinales y se refiere al control racional de los deseos y las pasiones, promoviendo el equilibrio en las acciones humanas. Según Santo Tomás de Aquino, modera los placeres sensuales, ayudando al individuo a evitar los excesos y a buscar la moderación en todos los aspectos de la vida (Summa Theologiae, II-II, q. 141).

En la práctica, la templanza se manifiesta en la capacidad de disfrutar de los bienes creados por Dios sin dejarse dominar por ellos. Favorece una vida equilibrada, promoviendo la salud física, mental y espiritual. Para los católicos, esta virtud es fundamental para vivir una existencia armoniosa y alineada con la voluntad de Dios.

Por otro lado, el don del Temor de Dios es uno de los siete dones del Espíritu Santo mencionados en el libro de Isaías (11,2-3). No debe confundirse con el temor servil o el terror; es un sentimiento reverente y filial ante Dios, que reconoce su grandeza, santidad y autoridad.

El Don del Temor de Dios lleva a los fieles a evitar el pecado por amor y respeto al Señor, fomentando una relación de confianza y sumisión voluntaria a su voluntad. Sustenta la vida moral al despertar en el corazón del creyente un profundo sentido de responsabilidad ante Dios.

Aunque de naturaleza distinta —una es una virtud moral adquirida mediante el esfuerzo humano (virtud cardinal) y la otra un don otorgado por el Espíritu Santo—, ambas son esenciales para el crecimiento espiritual.

La templanza se cultiva mediante el ejercicio de las virtudes humanas y divinas; el Don del Temor es un don gratuito del Espíritu Santo. La templanza ayuda a moderar los deseos mundanos; el Don del Temor promueve una actitud reverente que evita el pecado por amor a Dios. La templanza actúa en el ámbito de los apetitos sensuales y los bienes materiales; el Don del Temor actúa en la disposición interior de respeto y sumisión a la voluntad divina.

En la vida cristiana plena, estas dos realidades se complementan. La Templanza proporciona los medios prácticos para controlar las pasiones humanas, mientras que el Don del Temor mantiene viva en el corazón la conciencia de la presencia y el poder infinito de Dios. Juntos, ayudan a los fieles a evitar excesos y actitudes que podrían distanciarlos de Dios.

La virtud de la Templanza y el Don del Temor de Dios representan dos pilares esenciales en la formación moral del cristiano católico. Mientras uno promueve el equilibrio en las acciones humanas, el otro sustenta una relación filial con Dios basada en el respeto reverente. El desarrollo de estas cualidades contribuye a una vida más santa y armoniosa, en consonancia con las enseñanzas divinas.

Detalle importante: las virtudes deben usarse en su conjunto, de lo contrario, no quedará ninguna. Como escribió G. K. Chesterton, si las virtudes se aíslan, se vuelven locas. Imagínese haciendo actos valientes sin prudencia, o haciendo justicia sin templanza, o ejerciendo la caridad sin relación con la fe y la esperanza ...

Finalmente, ¿qué caracteriza a un combatiente? Según lo dispuesto en el art. 3 de la Convención de Ginebra sobre Prisioneros de Guerra, para ser considerado combatiente la persona debe cumplir con los siguientes requisitos:

1. Al ser parte de una **cadena de mando**, en nuestro caso la cadena de mando es la Santísima Trinidad, el Santo Padre el Papa, cardenales, obispos, sacerdotes, diáconos y laicos, y también puede haber un coordinador de su grupo de oración y su ministerio o pastoral.

2. Utilizar un **signo distintivo**, para diferenciarse de la población, imprescindible entre los combatientes para que sepan de qué tropa forman parte. Puede ser una medalla, un escapulario, un colgante o incluso un anillo o pulsera, siempre que estén bendecidos.

3. Llevar **armas ostensiblemente**. Si la combatiente tiene miedo de lo que otras personas pensarán si la ven con una Santa Biblia o un rosário en sus manos, lamentablemente este combatiente aún no está listo.

4. Seguir las **leyes y costumbres de la guerra**, es decir, conocer y cumplir los mandamientos de la Ley de Dios, debidamente explicados por Jesucristo en el Sermón de la Montaña (Mateo 5, 6 y 7), además del Catecismo de la Iglesia y las reglas de vida de su ministerio o comunidad de vida.

¿Dudas, guerrero? Entonces, quedaron las deudas. Has recibido la gracia de Dios en tu vida tantas veces, la retribución adecuada es hacer el bien a los demás, ayudar a salvar a la gente, contribuir a Su obra. "Ánimo, he vencido al mundo". ¡Lucha del lado de los que ya han ganado y seguirán ganando la batalla!

POSFACIO – EL CAMPO DE LA ARMADURA DEL CRISTIANO

Todo está muy bien en teoría, pero ¿cómo podemos llevarlo a la práctica? ¿Cómo podemos realmente formar a hombres de buena voluntad para que se conviertan en luchadores espirituales? Leer este libro es un buen comienzo, pero la vida de oración de un guerrero de Dios puede refinarse enormemente si se le concede un encuentro personal con Dios, a través de un retiro que ponga en práctica todo lo que aquí se ha enseñado.

Una vida de oración es similar a un entrenamiento para el combate; es decir, debe estar en la sangre del individuo, porque será precisamente en los momentos críticos, en las tribulaciones de la vida, cuando la oración será más necesaria.

Sin embargo, recuerda que los mares en calma no hacen buenos marineros. Nadie podrá forjarse una identidad como soldado de Cristo si se protege con aire acondicionado, disfrutando de croissants y espressos, y publicando textos y videos motivadores en redes sociales.

«La disciplina militar útil no se aprende, señor, en la fantasía, soñando, imaginando o estudiando; sino viendo, actuando y luchando», escribió Luís de Camões al rey Don Sebastião. En resumen, a luchar se aprende luchando, ya sea montando en bicicleta o viviendo en línea recta.

Con la intención de poner en práctica todas estas ideas, la Comunidad Familia Santa de Goiânia/GO ha estado desarrollando, desde 2019, un retiro espiritual con actividades físicas, llamado Campo da Armadura do Cristão (aunque todos lo llaman CAC), con mucha oración, unción del Espíritu Santo y pruebas basadas en cada una de las piezas de la armadura que San Pablo describió en Efesios 6.

Como en todo retiro, es esencial que el participante participe con el corazón abierto; de lo contrario, Dios no encontrará espacio para actuar. En el CAC ocurre lo mismo: no tiene sentido llegar al día con miedo a lo que pueda pasar o, peor aún, con ganas de competir y ganar contra los demás. Tu mayor adversario quiere precisamente eso: que te desanimes por el miedo o que te emborraches menospreciando a los demás.

Puede que se sientan decepcionados conmigo, pero no puedo explicarles aquí en detalle cómo funciona el retiro del CAC; de lo contrario, quienes aún no han participado estarán en desventaja y no tendrán el efecto sorpresa. Lo que puedo escribir son pautas para una buena participación en todo.

El retiro del CAC es solo para hombres, confirmados o en proceso de recibir este importante sacramento. La Confirmación es la señal indeleble del Soldado de Cristo, según San Pío X. Las mujeres también tienen sus retiros; no es nada personal. Pero para formar hombres santos, necesitamos estar solo entre hombres.

El proverbio «Como el hierro se afila con el hierro, así el hombre afila a otro» (Proverbios 27:17) significa que, así como el hierro se afila al frotarse con el hierro, los hombres se perfeccionan y fortalecen mediante la interacción con los demás. El óxido del alma puede requerir mayor fricción para limpiarse, y el contacto con la naturaleza, con la Palabra de Dios y el testimonio de los compañeros lo proporcionará.

Primero, haz una buena confesión y prepara bien tu alma (eventualmente, si mueres durante el retiro, tus pecados mortales no te llevarán a la condenación eterna, si son bien confesados...). Bromas aparte, el Espíritu Santo actúa con mayor facilidad en un alma contrita, y podrás sentir los movimientos de la Tercera Persona de la Trinidad con precisión, algo que solo quienes están en estado de gracia pueden percibir.

Segundo, recuerda que las actividades físicas del CAC implican diversos esfuerzos físicos, como caminatas largas, caminatas cortas con carga, técnicas verticales, orientación con mapas topográficos, progresión diurna y nocturna, tiro reflejo en un entorno confinado, todo con una buena dosis de rusticidad, como cualquier campamento que se precie.

Pero esto no impide que nadie se presente al CAC, ya que todas las pruebas se pueden adaptar a la realidad fisiológica del estudiante.

Pero puedo garantizar que las personas con obesidad, parálisis parcial, ceguera parcial, diabetes, problemas cardíacos, úlceras, hemofilia, artritis, epilepsia y otras afecciones clínicas similares pudieron realizar todas las actividades.

No hace falta ser un atleta para ir al retiro, pero si este miedo te domina, es hora de cuidarte mejor con tu alimentación, actividad física y buenos hábitos de salud física y mental. ¿Cómo puedes esperar ser un padre de familia en casa si estás sumido en las adicciones?

Qué llevar al retiro del CAC (equipo individual): ropa cerrada (manga larga y pantalones largos), zapatillas deportivas o botas militares, shorts térmicos o bañador (para evitar rozaduras), rosario, Biblia, botella de agua o similar, cubiertos, linterna, cerillas, kit de higiene (papel higiénico, toallitas húmedas, talco para pies, jabón, champú, maquinilla de afeitar, peine, pinzas, chanclas, toalla), 2 o 3 cambios de calcetines, muda completa de ropa, repelente de insectos, protector solar, botiquín de primeros auxilios (venda, gasa, antiséptico, antiinflamatorio, analgésico, polvo de reposición de electrolitos). Guarda todo en una bolsa impermeable que quepa en una mochila. También lleva un saco de dormir y/o una manta térmica dentro de una bolsa de plástico. El equipo mojado hará que tu perro se estremezca.

No traigas tienda de campaña, comida ni armas (de fuego o cuchillos) al retiro; no es necesario, solo estorbarán y ocuparán espacio. Los celulares, las llaves del auto y los componentes electrónicos se guardarán en un lugar seguro y se devolverán al final. Avisa a tu familia que no estarás disponible durante el retiro.

Finalmente, sin revelarte los detalles del CAC, te cuento que recibirás una cruz de madera de 50 cm x 30 cm. Lleva esta cruz con devoción, pues simboliza la mayor prueba de un Dios de amor que vino a este mundo a morir por nuestra salvación.

Fue por mí. Fue por ti. Haz que valga la pena.

¡BAMBÚ!

###

Mi más sincero agradecimiento por leer este libro. Espero comentarios y críticas en rogeriocietto@gmail.com

Lea también:
Combatiendo el bueno combate - Cómo luchar contra el terrorismo con una operación de paz[1]
Ecocasa: una visión holística sobre la vida sustentable[2]
El león y el dragón: un cuento FICTICIO sobre Economía y Política[3]
Lamento informarle que no tengo un perfil en Facebook, Twitter o cualquier otra red social.
Dios te bendiga.

---

1. https://www.smashwords.com/books/view/1047324

2. https://www.smashwords.com/books/view/1118865

3. https://www.smashwords.com/books/view/1161421